大象与
民族学家

〔英〕格拉夫顿·G.史密斯 著
孜子 译

Elephant and Ethnologists

Grafton Elliot Smith

北京大学出版社
PEKING UNIVERSITY PRESS

图书在版编目（CIP）数据

大象与民族学家／（英）格拉夫顿·E.史密斯著；孜子译.—北京：北京大学出版社，2013.6

（沙发图书馆·星经典）

ISBN 978-7-301-22368-0

Ⅰ.①大… Ⅱ.①史… ②孜… Ⅲ.①文化人类学－研究 Ⅳ.①C912.4

中国版本图书馆 CIP 数据核字（2013）第 070610 号

书　　　名：大象与民族学家
著作责任者：〔英〕格拉夫顿·E.史密斯 著　孜子 译
策 划 编 辑：王立刚
责 任 编 辑：王　莹
标 准 书 号：ISBN 978-7-301-22368-0/C·0892
出 版 发 行：北京大学出版社
地　　　址：北京市海淀区成府路 205 号　100871
网　　　址：http://www.pup.cn　新浪官方微博：@北京大学出版社
电 子 信 箱：pkuphilo@163.com
电　　　话：邮购部 62752015　发行部 62750672
　　　　　　编辑部 62755217　出版部 62754962
印 　刷 　者：北京汇林印务有限公司
经 　销 　者：新华书店
　　　　　　650 毫米×965 毫米　16 开本　10.75 印张　108 千字
　　　　　　2013 年 6 月第 1 版　2013 年 6 月第 1 次印刷
定　　　价：27.00 元

未经许可，不得以任何方式复制或抄袭本书之部分或全部内容。
版权所有，侵权必究
举报电话：010-62752024　电子信箱：fd@pup.pku.edu.cn

目录

总　序　001

译者序　005

前　言　011

文献说明　019

第一章　探寻问题之本源　001

第二章　其他大象形象　029

第三章　摩伽罗　059

第四章　螺旋状装饰　081

第五章　文化向美洲的传播时间　107

第六章　印度支那的重要意义　123

插图目录

第 1 号	印度摩伽罗像	*028*
第 2 号	科潘"B 号石碑"顶部雕像	003
第 3 号	德里红堡象雕像	003
第 4 号	科潘"B 号石碑"	004
第 5 号	"B 号石碑",左侧视图	008
第 6 号	"B 号石碑",右侧视图	008
第 7 号	"B 号石碑",右侧视图	008
第 8 号	迈索尔(Mysore)的中世纪时期雕像	014
第 9 号	第 4 号插图的线条画	015
第 10 号	对"B 号石碑"边缘所绘的线条画	017
第 11 号	印度尼西亚摩伽罗像	019
第 12 号	在阿兹台克发现的波吉亚手抄本中的一个画面	024
第 13 号	中国人像	030

第 14 号	希腊钱币上戴大象皮头饰的人像	032
第 15 号	美洲长着象头的雨神像	038
第 16 号	尤卡坦象头神恰克	039
第 17 号	古巴比伦羚羊–鱼混合体动物形象及印度摩伽罗形象	047
第 18 号	中世纪时期爪哇大象化身的摩伽罗形象	048
第 19 号	来自爪哇用摩伽罗形象表现的"荣光之脸"	052
第 20 号	阿兹台克雨神画像	054
第 21 号	柬埔寨摩伽罗像	056
第 22 号	在中美洲被称为"蛇"的动物头部	057
第 23 号	一系列印度和爪哇摩伽罗形象	060
第 24 号	迈索尔地区摩伽罗形象	061
第 25 号	两个尾巴卷成螺旋状形状的早期印度摩伽罗像	069
第 26 号	来自英属洪都拉斯的人像	070
第 27 号	鳄鱼化身的摩伽罗形的玛雅陶罐	072
第 28 号	坐在摩伽罗上的伐楼那雕像	073
第 29 号	位于门奇（Menche）的石门楣上所雕的形象	075
第 30 号	大象化身的印度早期摩伽罗形象之一	075
第 31 号	斯平登博士所选的三幅画像	082
第 32 号	科潘 D 号石碑上的雕像	083
第 33 号	A. 苏格兰大象形象　B. 大象与城堡	087
第 34 号	大象与曼陀罗	088
第 35 号	早期（公元前 100 年）作为神的坐骑出现的印度摩伽罗形象	091

插图目录

第36号	嘴里分别出现了一个人和一条鱼的两个早期印度摩伽罗形象	092
第37号	古代希腊钱币（A）	096
第38号	古代希腊钱币（B）	096
第39号	坐在两端各有一狮头的长椅上的美洲（玛雅）神	098
第40号	带翼圆盘	102
第41号	科潘神坛上的形象	103
第42号	来自一座爪哇神庙的"荣光之脸"形象	104
第43号	装饰在一座爪哇神庙门口的"荣光之脸"	104
第44号	美洲的"羽蛇"神形象	105
第45号	美洲（玛雅）"羽蛇"神	105
第46号	柬埔寨的"Chao"或迦尼萨	125
第47号	柬埔寨巴戎寺（Temple of Baion）第二个画廊浅浮雕的一部分	125
第48号	柬埔寨的因陀罗形象	128
第49号	来自柬埔寨吴哥通王城（Angkor-Thom）的一个丧葬瓮（局部）	128
第50号	来自科潘遗址O号祭坛	136
第51号	基里瓜遗址D号石碑上东面的设计	137
第52号	基里瓜B号巨石碑的设计	137

V

总 序

　　古典人类学指近代学科发生以来（19世纪中叶）出现的最早论述类型，就特征而论，它大致相继表现为进化论与传播论，前者考察人文世界的总体历史，主张这一历史是"进化"的，文明是随时间的顺序由低级向高级递进的，后者叙述人文世界各局部的历史地理关系，视今日文化为古代文明之滥觞。

　　"古典时期"，人类学家广搜民族学、考古学与古典学资料，心灵穿梭于古今之间，致力于解释改变人文世界"原始面目"的因由，他们组成了学识渊博、视野开阔、思想活跃的一代风骚。

　　古典人类学家抱持远大理想，对人文世界的整体与局部进行了历史与关系的大胆探索。

　　兴许由于理想过于远大，古典人类学家的探索有时不免流于想象，这就使后世学者有了机会，"以己之长攻其所短"。

　　20世纪初，几乎只相信直接观感的人类学类型出现于西学中，这一人类学类型强调学者个人的耳闻目见，引申实验科学的方法，将之运用于微型区域的"隔离状"的研究中。

这一学术类型被称为"现代派"。

现代派并非铁板一块。虽则现代派崇尚的民族志基本依据对所谓"原始社会"与"乡民社会"的"田野工作"而写，但学者在分析和书写过程中所用之概念，情愿或不情愿地因袭了欧洲上古史既已形成的观念，而这些观念，曾在古典人类学中被视作认识的"客体"得到过考察。另外，在现代派占支配地位的阶段，诸如法国社会学派的比较之作，及美国人类学派的历史之作，都更自觉地保留着浓厚的古典学派风范，刻意将观察与历史相结合。

然而，现代派的确使民族志方法流行起来，这使多数人类学叙述空前地注重小写的"人"，使其制作之文本愈加接近"普通人生活"的复述。此阶段，"直接观察"、"第一手资料"的"民族志"渐渐疏远了本来富有神话、宇宙论与历史想象力的大写的"人"的世界。

现代派"淡然"远离人文世界渊源与关系领域研究。这一做派到1950年代至1980年代得到过反思。此间出现的新进化论派、新世界史学派及新文化论派，局部恢复了古典派的"名誉"。

可是不久，这个承前启后的学术"过渡阶段"迅即为一股"洪流"冲淡。后现代主义给人类学带来"话语"、"表征"、"实践"、"日常生活"、"权力"等等诱人的概念，这些概念原本针对现代派而来，并偶尔表现出对于此前那个"过渡阶段"之成果的肯定，然其"总体效果"却是对于现代派"大历史"进行否定的新变相（也因此，后现代主义迅速被众多"全球化"的宏大叙述替代,并非事出偶然)。

当下西学似乎处于这样一个年代——学术的进步举步维艰,而学者的"创造力自负"和"认识革命迷信"依然如故。

在中国学界,古典人类学也经历了"漫长的20世纪"。

进化论思想曾(直接或间接)冲击清末的社会思想,并于20世纪初经由"本土化"造就一种"新史学",对中国民族的"自传"叙述产生深刻影响。接着,传播论在清末以来的文化寻根运动及1920年代以中央研究院历史语言研究所为中心的民族学研究中得到了运用。西学中出现现代派不久,1930年代,以燕京大学为中心,同样地随之出现了建立现代派的运动,这一运动之一大局部,视现代派民族志方法为"学术原则",对古典派冷眼相看。与此同时,本青睐传播论的中国民族学派,也悄然将以跨文明关系研究为主体的传播论,改造为以华夏古史框架内各"民族"之由来及"夷夏"关系之民族史论述为主干的"民族学"。

"中国式"的社会科学"务实论"与历史民族学"根基论",消化了古典人类学,使学术逐步适应国族建设的需要。

1950年代之后,古典人类学进化论的某一方面,经由苏联再度传入,但此时,它多半已从学理转变为教条。

而学科重建(1980年代)以来,中国学术再度进入一个"务实论"与"根基论"并重的阶段,一方面纠正1950年代出现的教条化误失,一方面复归20世纪上半期学术的旧貌。

学术的文化矛盾充斥于我们亲手营造的"新世界"——无论这是

指世界的哪个方位。在这一"新世界",搜寻古典人类学之旧著,若干"意外发现"浮现在我们眼前。

经典中众多观点时常浮现于国内外相关思想与学术之作,而它们在当下西学中若不是被武断地当作"反面教材"提及,便是被当作"死了的理论"处置,即使是在个别怀有"理解"旧作的心境的作者中,"理解"的表达,也极端"谨慎"。

而在今日中国之学界,学术风气在大抵靠近西学之同时,亦存在一个"额外现象"——虽诸多经典对前辈之"国学"与社会科学论著以至某些重要阶段的意识形态有过深刻影响,又时常被后世用来"装饰"学术论著的"门面",但其引据对原版语焉未详,中文版又告之阙如(我们常误以为中文世界缺乏的,乃是新近之西学论著,而就人类学而论,它真正缺乏的,竟是曾经深刻影响国人心灵的原典之译本)。

文明若无前世,焉有今生?学术若无前人,焉有来者?

借助古典派(以及传承古典派风范的部分现代派)重归人文世界时空之旅,对于企求定位自身世界身份的任何社会——尤其是我们这个曾经有过自己的"天下"的社会——而论,意义不言而喻。

译述古典派论著,对于纠正"自以为是"的态度,对学术作真正的积累,造就一个真正的"中文学术世界",意义更加显然。

王铭铭

2012年9月29日

译者序

《大象与民族学家》的作者格拉夫顿·埃利奥特·史密斯（Grafton Elliot Smith）是流行于20世纪初的超级传播理论的代表人物之一。他于1871年生于澳大利亚，1937年卒于英国，从悉尼大学获得医学博士学位后不久，即定居英国，直到逝世。史密斯在英国成为神经解剖学和人类史前史的权威，也是著名的埃及学家和人类学家，并获封爵士。他作品丰富，涉猎领域广泛，最为世人所熟悉的要算他的文化传播理论，而他有关古埃及为人类史前文明主要源泉的理论则最富争议性。此外，在今天医学领域灵长类大脑进化理论中，他仍占重要的一席之位。而在文化方面，他著述丰厚，主要作品有《人类史》（已在国内翻译出版），《龙的演变》《大象与民族学家》《文化的传播》《古代埃及人及对欧洲文明的影响》《论木乃伊制作地理分布的意义》《图坦卡蒙及发现图坦卡蒙墓》等等。《大象与民族学家》是史密斯文化传播理论的重要作品，也是世界文化传播理论的经典之作。书中

大象与民族学家

主要关注印度文明和美洲玛雅文明,但几乎涉及了各个主要文明,以及包括北欧、西欧、东南亚、南太平洋等地区的亚文化,涵盖的领域跨越历史、考古、神话、宗教信仰与习俗、建筑、雕刻艺术等。作者知识之广博、视野之开阔,由此可见一斑。

出版于20世纪20年代的《大象与民族学家》,堪称人类学的经典之作。这部作品主要探讨美洲玛雅文明起源的问题及相关的文化传播。作者认为,美洲玛雅文明并非美洲的原创,而是在自西向东发生的文化传播的影响下形成的:公元后的大约1200年间,或比这一时间再早二三百年开始至公元后12世纪这一期间,印度文化如何经由中南半岛、太平洋,持续不断地传播到美洲,并影响了美洲古代文明的形成,使美洲文明具有的鲜明特征打着明显的印度烙印。作者通过比较神话传说、各自信奉的主要神灵及呈现出的艺术形象、习俗、雕刻与装饰艺术等等,进一步证明受到印度文明影响极深的中南半岛(即书中所说的印度支那)乃美洲玛雅文明的主要发祥地,而且中南半岛影响美洲文明的时间主要在公元5至12世纪期间。

作者从出现在古代美洲玛雅文化遗址科潘的石碑所雕刻的动物是否为印度大象开始展开讨论,并认为,这一雕刻显然表现的是印度大象而不是如其他学派所认为的生长在美洲的金刚鹦鹉,而且装饰细节如象夫、缠头等也具有显著的印度特征,而相似的大象形象不仅出现在石雕上、象形文字上,还出现在美洲人的手抄本,即玛雅人留给后世的文字。在作者看来,印度大象的艺术形象在世界范围内传播非常之广,不仅在印度及中南半岛非常普遍,还向西传到欧洲,向东传

译者序

到中国、日本,而作者认为,印度大象形象传播所至的最远端非美洲莫属。当然,在传播过程中,大象的形象有了变化,而且越发失真。另外一个在世界范围内广泛传播的动物形象为虚构的动物龙,各个古代文明中,对龙这一动物的叫法或有差异——或被称为龙,或摩伽罗(Makara,即摩羯)、神鳄、迩、西佩克特利(Cipactli)等,而且其形象也或多或少有不同之处,但相似之处也颇多。

作者从大象雕像转向讨论大象在印度作为神的坐骑及神形象的一部分的特殊象征意义,进而联系到与大象密切相关的印度吠陀时期最主要的神灵之一因陀罗,认为,因陀罗是美洲玛雅恰克神(Chac)和墨西哥特拉洛克神(Tlaloc)的原型。与其有关的传说、信仰,其形象及标志物,其动物坐骑等,以相似的形式出现在美洲。而且,随着对因陀罗的崇拜传播到美洲的还有对其他印度神灵的崇拜,而由于这些神灵在印度时相互就有着复杂的关系,多有被混淆的情况发生,所以传播到美洲后,甚至出现了张冠李戴的现象。

在作者看来,世界各主要神话有着相似之处,如关于大洪水的故事,关于蛇的故事等。作者认为,由于印度文明在其形成过程中,也受到古巴比伦文明、古埃及文明甚至希腊文明的影响,这些影响留下的痕迹显然经由中南半岛反映到了美洲文明中。印度文化向美洲传播的途中,在柬埔寨、印度尼西亚、波利尼西亚等中间地带发生的变化也随之而至,最终所有这些元素都被融入了美洲文化中,当然,最显著的,当属中南半岛对美洲的影响。在持该观点的同时,作者并不否认本土智慧在美洲文明形成中所产生的重要作用。有趣的是,作者认为中国文明也对美洲产生过影响，他认为这一影响也经由柬埔寨传入美洲，所以美洲文明中也含有些许中国文明的元素。

作者的上述理论在当时的学术界掀起了惊天巨浪，尤其遭到美国学者的强烈反对与抨击，因为他们认为美洲文明是在无外来因素影响下由美洲人独立创造的。

该书成书于20世纪初，那时关于美洲的考古发现有限，对玛雅象形文字的破译还处于初级阶段，无甚进展，对美洲玛雅历史的年代考证也较为有限，但作者借助于印度、柬埔寨、波利尼西亚等国家和地区已确定的历史，并通过考证太平洋两岸的建筑、雕刻艺术、宗教信仰与习俗，对文化向美洲的传播及时间做出推测论证。作者尤其认为柬埔寨在美洲文明起源研究方面是个鲜活的例子，他认为，对柬埔寨历史更多的了解，将有助于回答美洲文明起源的问题。本书的出版距今虽已近百年，书中的某些观点和研究方法，尤其借助跨学科、跨地域的研究手段，在今天仍不失借鉴意义。

作为人类学和学术研究门外汉的我，能承担并最终翻译完成这样一位博学多闻的著名学者的重要作品，首先要感谢王铭铭教授对书目的筛选，还有对我本人的鼓励。这对我个人不仅是很好的学习机会，也让我感觉并没有完全虚度时日。在跟钱打交道的"世俗"领域摸爬滚打十几年后，迫于身体原因，闲居在家，虽然对文化与历史一直情有独钟，对翻译也有一定的掌握能力，但翻译这部作品对我无疑也是很大的挑战。阅读和查阅资料的工作开始于2010年的3月，至今已有两年多的时间，花费这么长的时间主要还是因为每天伏案工作的时间无法

译者序

过多，好在我基本坚持每天做一些，所以，最终能完成《大象与民族学家》的翻译并看到本书付梓出版，我自然无比欣慰。欣慰之余，对翻译水平及行文的担忧不减丝毫。还望读者专家批评指正。

　　此刻，心中最感激的，莫过于家人对我的爱。

译者

2012年4月20日

前言

　　人类初习绘画或制作塑像之初，在选择艺术创作对象时，对大象和其他长鼻目动物总有着奇怪的迷恋之情。发现于法国的穴居遗址及其他旧石器时代居住遗址中，我们人类的祖先智人留下了他们的艺术作品，其中许多为大象和猛犸象的绘画和塑像作品。这些早期遗址分布区域甚广，不仅出现在法国，还出现在从西班牙到摩拉维亚*的大片区域。而在古代埃及和古巴比伦，及晚些时间的印度、印度支那**以及印度尼西亚，也有作品偶尔表现大象的形象。但是，文化的传播将印度的习俗与信仰带到了遥远的地方，使不为当地熟悉的大象这种哺乳动物受到广泛喜爱，喜爱程度堪与印度媲美。

　　如果先来介绍一下我在什么情境下开始写作本书，或许最能解释

---

*　译者注：摩拉维亚为今天捷克东部的一个地区。
**　译者注：即今天的中南半岛。

清楚本书的目的及讨论范围了。

  1910至1915年间的诸多考察研究使我确信，哥伦布发现美洲大陆前的美洲文明，并非完全由墨西哥、中美洲及秘鲁的原著民独立创造，美洲文明的灵感主要受到公元年开始后或者可能早至公元前二三世纪开始的1200年间，陆陆续续越过太平洋来此的外来移民的激发。这些移民在不同时期越过太平洋，定居在洪都拉斯（参见地图上的科潘，即COPAN）及其他地区。通过这些移民，旧世界文化（其呈现的特征让人想到柬埔寨文化，参见地图上标为C的地方）的种子，在新世界生根发芽，并在当地人的帮助下，形成了新世界特有的文化。

  在我的拙著《古代埃及人》[1]第2版出版时，我讲述了促使我持这一观点的一系列事件，以及已过世的里弗斯（W. H. R. Rivers）博士和佩里（W. J. Perry）先生在这一新理论的酝酿和形成过程中所起的作用。里弗斯博士在他的民族志作品《心理学与政治学》[2]中讲到了这一新理论；而佩里先生在他的《印度尼西亚的巨石文化》[3]及《太阳的孩子》[4]两部著作中亦从他的视角对该理论进行了论述。1915年，我们三人一致认定，前哥伦布美洲文明建立在通过太平洋传播而至的重要文化元素之上的历史事实，不容再有质疑。可以想象，我们的这一理

---

[1] *The Ancient Egyptians*，1923.

[2] *Psychology and Politics*，1922，pp. 109–137.

[3] *The Megalithic Culture of Indonesia*，1918.

[4] *The Children of the Sun*，1923.

前言

文化传播的几条路线

主要路线是从柬埔寨（图中以C表示）出发途经密克罗尼西亚（以Mi标示）抵达中美洲（科潘）。美洲文化中的美拉尼西亚元素，部分通过美拉尼西亚连接密克罗尼西亚的路线传播，部分则通过太平洋南部路线（波利尼西亚）传播。印度文化通过海、陆两路对柬埔寨的影响在图中以箭头标出。中国文化对柬埔寨以及密克罗尼西亚的影响也在图中予以标明。

论遭到了狂轰滥炸般的反对,其中较普遍的反对意见是,这一理论涉及领域众多,而证据的收集又如此艰巨,展开任何有意义的讨论实在不可能——考虑到我们所处的年代离质疑达尔文的理论已长达半个世纪,我不得不说这是个很奇怪的借口!

1915年的大英人类学协会(the British Association)曼彻斯特会议上,尽管我们为自己所持的观点进行了充分的驳辩,但事后看来,似乎集中就其中的某一问题进行讨论更为可取,这样或许可以消除各种根深蒂固的批评。所以,我决定给《自然》(Nature)杂志写封信。这封信发表在1915年11月25日的《自然》杂志(340页)上。信中,我提醒大家关注这一事实,即:工匠在洪都拉斯境内科潘遗址的一个石碑上所雕刻的,明显是一头印度大象,大象上坐着一样具有印度特色、戴着缠头的象夫,而这一雕像是在克里斯托弗·哥伦布出发开始其发现新世界航程的几个世纪前完成的。

上述观点引出了一个问题,而最终若能为这一问题找到正确的答案,意义将何其深远。此外,这一观点使我的批评者们无法用他们惯常的理由来批评我。譬如说,即便是"人类大脑思维相似"理论最狂热、最具想象力的信奉者,也无法说服明辨是非懂得道理的人,美洲所发现的印度大象及戴缠头的象夫的形象完全由从未见过大象的美洲土著人创作。另外,将埃及因素从这一文化传播理论的具体案例中剔除出去,即将注意力完全集中在印度文化所产生的影响方面,可以让我们搁置令人困扰而且已经明显阻碍深入讨论的展开的元素。

信奉美洲文化的发展过程未受到外来因素影响的"民族学门罗

前言

在科潘发现的古代美洲石碑("B号石碑")上雕刻的画

对该画展开讨论便是本书的内容之一。我在书中所持观点为:该石碑雕刻的是一头印度大象,上面坐着戴缠头的象夫,而雕刻此作品的工匠虽从未见过大象,却明显在模仿外来的大象形象。这幅插图是莫兹利(Maudslay)作品的复制品。莫兹利认为该石碑雕刻的是貘这种动物。

主义"的支持者们心里自然明白，承认美洲文化受到了亚洲表现手法的影响对他们的信仰来说是致命的。所以在他们看来，认为科潘所雕刻的是大象而且其头部的艺术灵感源自印度的观点，不是误判便是因为没能看出它与大象的区别。

尽管如此，争论无法影响结论，即工匠进行雕刻时在模仿大象的表现手法，但却未能充分欣赏他所表现的大象的自然本性。

声称插图所示的这些科潘雕像表现的是鹦鹉而不是大象的民族学家们，似乎显得对自己的主张都不怎么信服，不然，他在阐述他的观点时，怎么会从表现大象的四幅图中（我用字母A、B、C、D标出，以示区别）单单选择D图，而D图所示是四部分中雕刻最粗糙与随意，而且损坏最严重的部分。倘若他对自己的大胆推论充满信心，他或许应该选择四部分中损坏程度较轻的其他三部分（即A，B或C图）中的任一个来展开讨论。事实是，他并未这样做，似乎流露出他担心A、B、C三部分看起来太像大象，而且将A、B、C三部分说成代表金刚鹦鹉也似乎太牵强。当然，在此，我并不希望读者以为我在指责我的同行们有意进行错误的诠释。日常生活中，确有这样的心理，人们真心相信某一真相或某种观点，但在论述时却引用了最不相关的证据。知道有这样的事存在，我们就不难理解一些民族学家为了否认这些雕像表现的是大象形象所做的无谓努力，所找的奇怪借口，即便这样做会损害他们最珍视的民族学信条。

在收集本书列举的有关印度及印度支那的证据时，我得到菲利普·贾亚苏里亚（Philip Jayasuriya）先生自始至终无比热忱的帮助，感

前言

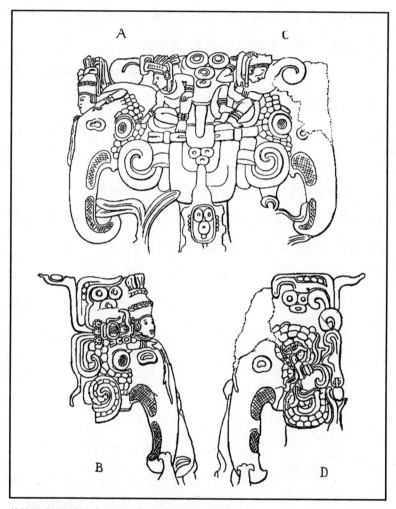

莫兹利对科潘遗址"B号石碑"顶部雕刻临摹的画
  从四个方位展示了石碑上雕刻的两个大象头部的形象。尽管B图和D图（为石碑背面的雕像）与A图和C图（为石碑正面的雕像）所画为相同对象（大象的头部），但前者使用的尺寸稍大，因而看起来有些斜。
  这些插图是从莫兹利的画册里复制的。
  那些声称雕像表现的并非大象而是金刚鹦鹉的民族学家们，他们在做判断时忽视A图、B图和C图，而完全依赖最不清晰、线条雕刻得最粗糙而且损坏最严重的部分（即D图所示部分）。

谢他的同时，我也必须感谢来自荷兰莱顿和海牙的民族学家们，以及皇家亚洲学会的图书馆员给予他的宝贵协助。

贺拉斯·杰拉德（Horace Gerrard）为本书制作提供了大部分的木刻插图，剩余部分由他的合作者利·彭伯顿（K. Leigh Pemberton）雕刻完成。他们提供的插图，能让本书的观点及问题的论证以图画的形式展开。

如果没有弗雷德·霍尔（Fred Hall，经济学专业理学士）先生的帮助，我可能没法完成手稿并最终将手稿提交给出版社。他不仅帮助我整理笔记，还帮助我检查参考文献，对此我非常感激。

G.E.S.

文献说明

30年前,阿尔弗雷德·珀西瓦尔·莫兹利在大英博物馆举办中美洲玛雅人雕像展(原件及石膏作品)。30年后的今天,我们在此探究前哥伦布美洲文明的真正意义,可以说恰逢其时。

在《莫兹利所收藏的中美洲玛雅雕像藏品指南——原件及石膏作品》〔Guide to the Maudslay Collection of Maya Sculptures (Casts and Originals) from Central America, British Museum, 1923〕中,乔伊斯(T. A. Joyce)先生对玛雅文明做了对读者很有帮助的注解。他还简略列举了有关克里斯托弗·哥伦布发现美洲前大约十个世纪里美洲人取得的璀璨成就方面最重要的书目及考察实记。将乔伊斯先生的这本小小的手册与美国自然历史博物馆在纽约出版的一本薄厚相当的书作比较——我指的是赫伯特·斯平登(Herbert J. Spinden)所著《中美洲及墨西哥古代文明》(Ancient Civilisations of Mexico and Central America, 1922)的第2版(修订版)——是件颇有趣的事。和前者相比,后者概括总结了目前在玛雅及阿兹台克文明方面的知识现状；在文献方面，后者也更丰富。严格说来，大英博物馆的这一出版物仅仅是针对某类专门藏品的指南。

以上两本册子并没有涉及大象的话题或有关大象的争论，不过因为本书的许多读者或许不熟悉美洲的一些最新发现以及大西洋两岸的博物馆员对此所持态度，所以这两本册子为本书的讨论做了很好的铺垫。这两本册子汇总了大西洋两岸传播理论或许最为极端的反对者的观点陈述，而本书可以称得上是对"博物馆派观点"的批评。对读者来说，最重要的是能辨别——读者通过阅读我提到的这两本博物馆小册子，应该很容易辨别——我在此所批评的，并非空穴来风。

涉及大象及有关争论的考察实记中，有下列重要作品：

（1）亚历山大·冯·洪堡（A. von Humboldt）所著《科迪勒拉山脉美洲土著人石碑遗址》（Vues des Cordillères, et Monumens des Peuples Indigèenes de l'Amerique, Paris, 1813）。作者在书中提醒人们注意阿兹台克手抄本中的大象画，并提出，这些大象画演变自印度象头神迦尼萨（Ganesa）的画像。对于墨西哥手抄本中像大象的动物绘画，他提出一种可行的解释，即它们不过是当地某一种动物如貘的一种程式化表现手法罢了，再或者是受某些已经绝迹的长鼻类动物的传说启发而画的动物。

（2）金斯伯勒勋爵（Lord Kingsborough）的《墨西哥文物》（Antiquities of Mexico, nine volumes, London, 1831—1848, vol. VIII, p.27）。在书中，作者寻找"以色列失落的十部落"（The Lost Ten Tribes

文献说明

of Israel)。他否认印度对美洲的影响，却依然提到了出现在墨西哥绘画作品中的一个长着似大象鼻子的长鼻动物。

（3）约翰·罗伊德·史蒂芬斯（John Lloyd Stephens）所著《中美洲、恰帕斯、尤卡坦旅行纪实》(Incidents of Travel in Central America, Chiapas, and Yucatan, 1841)，以及由费雷德里克·卡瑟伍德改编的增订版（Revised with additions by Frederick Catherwood, London, 1854, p.95）。另外还可以参照卡瑟伍德所刻的"B号石碑"（也即"N号纪念碑"）作品，第25号和第27号插图。科潘其中一个石碑上雕刻的长着长鼻子的动物，与大象相像，给史蒂芬斯留下了深刻的印象。尽管科潘遗址在他以前的时代就为世人所知，但他特别提醒大家注意的雕像，恰是本书讨论的主题。

（4）史密斯（C.H.Smith）所著《人类的自然历史》(The Natural History of the Human Species, 1848, p.104 et seq)。作者在书中采纳了流传在美洲的民间故事表明乳齿象曾生活在那里的观点。

（5）爱德华·泰勒（E.B.Tylor）所著《对人类早期历史的研究》(Researches into the Early History of Mankind, 1865, p.304)。作者在书中提出认同美洲艺术含有印度大象元素的观点。这是学者首次逻辑清晰而且很有说服力地提出该观点。

（6）休伯特·豪·班克罗夫特（Hubert Howe Bancroft）所著《北美太平洋沿岸的土著民族》(The Native Races of the Pacific States of North America, 1876, vol. V, pp.43 and 44, footnote 99. Also vol. IV, pp. 163 and 305)。该书汇集了就美洲文化中的各种大象形象和印度文化影响美

洲的正反各方观点。

（7）亨利·亨肖（Henry W. Henshaw）所著《密西西比河谷土丘群遗址的动物雕刻》（Animal Carvings from the Mounds of the Mississippi Valley）发表于美国民族志局第2部年报，1880—1881年（Second Annual Report of the American Bureau of Ethnology for 1880-81, Washington, 1883, pp. 152 and 155）。作者讨论了其中一个据说以大象形状建造的土丘。

（8）阿尔弗雷德·莫兹利的《中美洲生物——考古卷》（Biologia Centrali-Americana, Archeology, 1889—1902, Part II, text, November, 1900, p.43. Plates XXXIII to XXXIX）。莫兹利博士的这本经典著作提供了关于科潘的证据，而我的观点即基于此。虽然莫兹利在其专著中强调了"B号石碑"上的雕刻手法具有亚洲艺术特征，并且还谈到所雕刻的形似大象的长鼻动物形象，不过他又有些前后矛盾地认为，这些雕像表现的是程式化的貘。该观点与冯·洪堡提出的意见一致，而且在莫兹利博士写作这部著作时，也是当时流行的一种避重就轻的借口。

（9）弗斯特曼（E.W. Förstemann）的作品《解密玛雅文字之三，玛雅文学作品中的乌龟和蜗牛》（Zur Entzifferung der Mayahand-schriften III, Schildkrote und Schnecke in der Mayaliteratur, Dresden, 1892）。作者认为玛雅象形文字kayab表示"龟"。

（10）塞勒斯·托马斯（Cyrus Thomas）的作品《美国民族志局考察土丘群遗址的考察报告》，民族志局第12部年报，1890—1891年（Report on the Mound Explorations of the Bureau of Ethnology, for 1890—

文献说明

1891，Washington，1894，pp.91—93）。该调查报告探讨了"大象土丘"（Elephant Mound）。

（11）约瑟夫·麦奎尔（McGuire）的作品《美洲土著人的烟袋与吸烟习俗》（*Pipes and Smoking Customs of the American Aborigines*，1898，p.523）。书中写到土著人使用的某些烟袋制作成了大象的形状。

（12）谢尔哈斯（P. Schellhas）所著《玛雅手抄本中神祇的形象》，以哈佛大学皮博迪博物馆论文刊印（*Representation of Deities of the Maya Manuscripts*；papers of the Peabody Museum，Harvard University，IV，1904）。作者解读了玛雅手抄本所绘的神和动物。尽管作者认为编号为"B号"的画表现的是象头神，还提到"画中长长的、像象鼻一样下垂的鼻子，还有个舌头（或牙齿，或獠牙），从嘴的前方或两侧伸出"（第16页），但却并不承认所画的是头大象。

（13）谢尔哈斯（P. Schellhas）所著《知识的边界》（*An der Grenzen unseres Wissens*，1908，pp.56—62）。作者同意冯·洪堡的观点，认为某类大象可能曾和美洲人生活在同时代，但他反对将所有长着长鼻的动物都归为象科动物。他认为，艺术家们在创作这些动物的形象时，有可能完全凭借想象，并未以某一动物为模型。

（14）斯坦佩尔（W. Stempell）的作品《玛雅手抄本中的动物画》，刊于《人类学杂志》（"Die Tierbilder der Mayahand-schriften," *Zeitschrift für Ethnologie*，1908，p.716）。作者认为，依据动物学的证据，玛雅手抄本中所画的长着长鼻的动物，毫无疑问是大象，但可能是已绝迹的美洲象。作者在第716页谈到有关大象争论的前前后后；在第718页，作者批评了塞勒（Seler, 1888）和布林顿（Brinton）（《玛雅象形文字入门》，*A Primer of Maya Hieroglyphics*）早先提出的手抄本中被谢尔哈斯标为"B号神"的画表现的是"貘神"的观点。作者还提到，谢尔哈斯认为"B号神"的形象实乃玛雅艺术家想象力与创造力相结合的产物。

（15）戈登（G.H.Gordon）的《科潘玛雅艺术的程式化手法与写实性》，刊于《普特南纪念刊》（"Conventionalism and Realism in Maya Art at Copan, with special reference to the treatment of the macaw," *Putnam Anniversary Volume*, pp. 191—195, New York, 1909）。作者认为，科潘遗址"B号石碑"上长着长鼻的动物，是中美洲蓝色鹦鹉的程式化形象。

（16）爱德华·塞勒（Eduard Seler）的作品《墨西哥和玛雅手抄本中的动物画》，刊于《人类学杂志》（"Die Tierbilder der mexicanischen und Maya-Handschriften," *Zeitschrift für Ethnologie*, Bd. 42, 1910, pp. 31—97）。在这篇有关玛雅文化重要的考察实记中，作者对科潘"B号石碑"所刻及玛雅手抄本所画的长着长鼻的动物展开讨论，并配以大量精美的图画进行说明。作者最终的结论则是，该动物应该是象形文字kayab所代表的动物，即弗斯特曼识别为"龟"的动物。所以塞勒认为手抄本中所画的像大象的动物，原本不过是为了画龟。塞勒更早的一篇考察实记（刊于《人类学杂志》，*Zeitschrift für Ethnologie*, 1894, p.581）讨论了"波吉亚手抄本"（Codex Borgia）中的画，洪堡和泰勒（见上，1和5）称该画画的是"长着大象头、戴着面具的动物"，塞勒宣称所画实则是蝙蝠神（Fledermaus-Gott）！

文献说明

（17）阿尔弗雷德·托泽（Alfred M. Tozzer）与格洛弗·莫里尔·艾伦（G. M. Allen）合写的《玛雅手抄本中的动物形象》，刊于《1910年皮博迪博物馆论文集》（"The Animal Figures in the Maya Codices," *Peabody Museum Papers*, vol. IV, No.3, p.343，1910）。两位作者同意戈登的观点，认为玛雅手抄本中所画的动物是蓝色鹦鹉。

（18）赫伯特·斯平登（Herbert H. Spinden）的《玛雅艺术研究》，刊于《皮博迪博物馆考察实记》（"A Study of Maya Art," *Memoirs of the Peabody Museum*, vol. VI, 1913, p.79）。作者是另一个蓝色鹦鹉说法的信奉者。

（19）埃利奥特·史密斯（G. Elliot Smith），《前哥伦布美洲的大象艺术形象》，刊于《自然》杂志（"Pre-Columbian Representations of the Elephant in America," *Nature*, November 25th, 1915, p.340；December 16th, 1915, p.425；January 27th, 1916, p.593）。作者提出，科潘遗址"B号石碑"所雕刻的和玛雅及阿兹台克手抄本所画的长着长鼻的动物，为印度大象。

（20）阿尔弗雷德·托泽（Alfred M. Tozzer），《自然》杂志（*Nature*, January 27th, 1916, p.592）。作者重申他的"蓝色鹦鹉观点"（见上），主要依据"眼睛"下方出现的一个螺旋状装饰。

（21）赫伯特·斯平登（Herbert J. Spinden），《自然》杂志（*Nature*, January 27th, 1916, p.592 et seq）。作者重申其"蓝头鹦鹉观点"，所依据的理由与托泽相同。

（22）克拉克·魏思乐（Clark Wissler）的《美洲印第安人》（*The

American Indian，1917，p.360）及1922年出版的第2版。作者"对这些雕像与南亚大象画具有相似性表示怀疑。"

（23）埃利奥特·史密斯（G.Elliot Smith）所著《龙的演变》〔*The Evolution of the Dragon*，John Rylands Library，Manchester，1919，pp.83—92，and p.154（Figure 19）〕。作者对美洲文化中大象形象的意义展开了更全面的探讨。

（24）西尔瓦尼·格里斯沃尔德·莫利（Sylvanus Griswold Morley）所著《科潘铭文》（*The Inscriptions at Copan*），华盛顿卡耐基研究所1920年出版的考察实记作品系列（Memoirs of the Carnegie Institution of Washington）。作者指责我不知天高地厚胆敢挑战哈佛大学民族学院的权威，他们将我认为玛雅文明受了亚洲文明影响的观点斥为"离谱的假设，早已为科学所不齿的废弃垃圾"。

（25）乔伊斯（T.A.Joyce）所著《莫兹利所收藏的中美洲玛雅雕像藏品指南》（*Guide to the Maudslay Collection of Maya Sculptures from Central America*，British Museum，1923，p.7）。乔伊斯在指南中说，貘"从宗教角度看是很重要的动物"，被"视为代表雷电的动物，雨神所戴的面具，与貘退化的长鼻很像"。而三年前，在伯灵顿美术俱乐部（Burlington Fine Arts Club）举办的美洲艺术展的展品指南手册中，乔伊斯先生〔联合赫尔科里斯·里德爵士（Sir Hercules Read）〕对那些坚持将大象误为金刚鹦鹉的人表示反对呢！

摩伽罗

鉴于本书的很多讨论涉及印度的神话"鳄鱼",或叫摩羯鱼(或摩羯),或叫摩伽罗,因此,以下文献也很重要:

(26)亨利·卡曾斯(Henry Cousens)的《印度装饰中的"摩伽罗"》,载于《印度考古调查年度报告:1903—1904年》("The Makara in Hindu Ornament," *Archeological Survey of India, Annual Report, 1903—04*, p.227)。

(27)沃德亨德拉·甘古利(Ordhendra C. Gangoly)的《从一种印度建筑装饰的变迁来谈"荣光之脸"》,载于《拉帕姆》杂志("A Note on Kirtimukha: Being the Life-History of an Indian Architectural Ornament," *Rupam*, January, 1920)。

(28)阿克沙伊·库马尔·迈特拉(Akshaya Kumar Maitra)的《恒河女神》,载于《拉帕姆》杂志("The River Goddess Ganga," *Rupam*, April, 1921)。

第1号 印度摩伽罗像

位于印度艾荷里（Aiholi）一个洞穴中的摩伽罗（即摩羯）形象，以所谓的"鳄鱼"化身出现，身体长着鱼鳞，大象鼻子和象牙，张开的嘴里吐出一个人像（刻于公元6世纪）。

特别值得关注的是摩伽罗头部和身体上方的花形纹饰，眼睛周围的图案，以及颚下方和肩附件的螺旋状装饰。另外，身体尾部极为精美繁复的螺旋形状也值得注意。

第一章 探寻问题之本源

位于洪都拉斯境内流经科潘的河畔,毗邻今天的危地马拉边境,有一组壮观的玛雅人遗址,由石砌的金字塔、石阶及用墙围起来的大型居民院落构成。[1] 目前普遍认为,那些建造起这些巨大的石建筑群的人们,在此大约生活了五六百年,并在大约1300年前遗弃了这里。美洲的考古学家们认定,科潘遗址中最早的一些建筑建于公元1到4世纪之间。倘若本书主要关注的那个科潘石碑的建筑年代最终没有被证实比上述时间晚好几个世纪,或者晚至公元6到9世纪才建起来,那么我会感到很诧异。

---

[1] 西尔瓦尼·格里斯沃尔德·莫利在其大部头的著作《科潘铭文》(*The Inscription at Copan*,由华盛顿卡耐基研究所于1912年出版)中,对科潘遗址作了极为详尽的描述。书中第426页的对面页复制了一张卡洛斯·维尔拉(Carlos Vierra)所绘的科潘遗址图,对莫兹利、霍姆斯(Holmes)及莫利带队指导所绘的临摹画及示意图是很好的补充。

大象与民族学家

我的上述文字，是在和法国远东学院的郭鲁柏（Victor Goloubew）先生交谈后写下的。我在写该段文字时，还不知道古德曼（Goodman）对此已经另有定论，他认为"科潘、基里瓜（Quirigua）、蒂卡尔（Tikal）、蒙契（Menche）、皮德拉斯·内格拉斯（Piedras Negras）及其他几个更晚时期的城邦，若从大的时间来看，约在公元6到9世纪期间兴盛繁荣起来"[1]。根据德国考古学家们的推测，这些文明繁荣的时间比古德曼建议的时间还要晚。如果他们的推测得到证实，将为本书的讨论排除诸多困难。

玛雅人生活在科潘这座雄伟壮丽的城邦时，他们的工匠们在巨型石碑上完成浮雕作品后，将它们立在庭院中。现在被考古学家们用字母"B"标出以示区别的其中一个石碑，是本书讨论的重点。

1839年，约翰·罗伊德·史蒂芬斯先生考察了科潘遗址，并于1841年出版了他的作品《中美洲、恰帕斯、尤卡坦旅行纪实》。这本书配了由艺术家费雷德里克·卡瑟伍德所刻的精美木刻插图，"B号石碑"的一幅插图（他称之为"N号纪念碑"）也包含其中。史蒂芬斯本人认为该石碑上精美繁复的雕像乃玛雅人"崇拜物"，还特别提到石碑"顶部的两个装饰"，并描述说，这两个装饰"看起来像玛雅人并不熟悉的大象这种动物的长鼻子"。不过，有关该

---

[1] 为莫利所引，同上引，第530页；另在534页，莱曼（Lehmann），塞勒和弗斯特曼推测的时间为公元700年至公元1134年。

第一章 探寻问题之本源

第2号 科潘"B号石碑"顶部雕像
　　选自莫兹利的作品。

第3号 德里红堡象雕像
　　注意大象眼睛下方纯装饰性的螺旋形。可以将此插图与中美洲雕像中相似的装饰（第2号插图）进行比较。

石碑最完整可信的信息，则是由莫兹利先生提供的。从1881年到1894年的十几年间，莫兹利一直致力于考察玛雅文明遗址并制作这些遗址中最重要的石碑的石膏复制品。他在1889至1902年间为戈德曼（Godman）和索尔（Salvin）主编的《中美洲生物——考古卷》撰写的多卷广为人知的作品中，极精辟地阐述了他的研究成果。我在此引用他在卷1对"B号石碑"所做的描述：

"石碑高约11英尺9英寸，平均宽约3英尺6英寸，所处位置几乎在广场中央，面东。石碑偏下面部分的雕刻已毁于大火，整个正

第4号　科潘"B号石碑"
选自莫兹利的作品。

面为深浮雕，损毁也较严重。

"石碑正面雕刻的主人物的外貌与中国人很像，面部有胡子，看起来像是胡须的东西向下与胸甲中心位置一个很奇特的装饰连结起来。两只耳朵不仅戴有耳坠，还有穿过耳垂中心的常见的装饰物。胸甲面上的装饰物则是两个常见于腰带上的符号。围裙上雕有一张没有下颚的脸，脸很夸张，而'A号石碑'上相同的位置雕的却是圆圈和条形图案。

"头部的装饰极像缠头，上面有些羽毛和卷纹装饰，连接它们的饰物却难以确切辨认出代表什么。

"缠头上方的装饰很复杂，由两个小人像组成，这两个人坐在一张怪诞且没有下颚的脸正面上方。牙齿都又大又弯曲，这种牙齿也出现在占据该石碑顶部、有些像大象头的其他头上。

"这些像大象的头的模样，一直以来都是关注的焦点，引发了广泛的讨论。不过，我没理由不认为，这种头像的模样可能源自至今在该地区还很常见的貘这种动物的头。这些雕像上能找到的几乎所有的怪诞头像，其鼻子的长度普遍都很夸张，所以不值得特别为其中一个像大象头而大惊小怪。

"长鼻上像鼻孔的孔的上部分，清晰可辨。长鼻的下部分则有一些交叉线阴影状的斑。眼睛周边几乎全部由像鱼鳞的东西环绕着。石碑北侧，可以看到常常与蛇首连在一起的卷纹装饰，从也戴着一个耳坠的耳朵顶部升起。

"长着长鼻的两个头部的上面，曾经可能各坐着一个小人像，但现在只有南侧的这个人像得以保存下来。这两个小人像各手持一根特殊手杖或权杖，杖的顶部雕着一个怪诞人头。

第2号插图所示"右侧"，"一缕卷纹从手杖顶部雕刻的怪诞人头的前额飘起，另一缕卷纹则从其头的顶部飘起。在另一侧，很难判断看似飘在头上的卷纹属于该头部的一部分，还是与长着长鼻的大的头像的耳朵相连。

"该石碑两侧再往下、位于长着长鼻的大的头像的下方，各另有三个头像。这些头像的鼻子略微短些，眼睛形状迥异，巨大的牙齿弯曲，但弯曲的方向与上面头像的正好相反。其中，位于最下方的头像，仅能看到下颚。两侧的各三个头像有着以程式化手法雕刻的耳朵，蛇卷纹从耳朵顶部升起，耳朵也戴着耳坠，耳坠上有一个小小的人面像。

"这三个人头像中最顶端的那个，睫毛下悬有一条纹饰，纹饰连接着一个怪诞头像，头的额前向下伸出一条蛇形卷纹。该头像的后面，一条纹饰穿过一尊小人像的肩部，该小人像坐在与石碑正面主雕像胸甲相连的蛇头长出的长牙的正上方。这些小人像目前仅剩一尊，但石碑北侧曾经应该有一尊相似的小人像，可能后来被毁了。在临摹该石碑时，为了保持雕像的设计与平衡，另一小人像被添加到了图的北侧。

"石碑的背面雕刻着一张巨大而且怪诞的脸。"

1920年，华盛顿卡耐基研究所出版了西尔瓦尼·格里斯沃尔德·莫利博士的大部头著作《科潘铭文》，其中对"B号石碑"有

第一章 探寻问题之本源

如下描述：

"石碑正面雕刻的人像比真人要大,人像面容有些像蒙古人,因为这一点,关于玛雅文明可能起源于亚洲的草率推测纷至沓来。这一早已被科学证明是'废弃垃圾'的离谱假设,目前却还拥有不少支持者,阿诺德(Arnold)[1]便是其中之一。他对石碑描述如下:

"如第268页指出的那样,这些雕刻具有如此鲜明的东方色彩,实在让人无法质疑其源于亚洲。石碑上所刻人物的脸,大家在今天的柬埔寨和暹罗*可以看到。人物的服装、饰物、缠头形的头饰(仅出现在这些雕像中,别处找不到),全都是纯正古代印度支那人的特征。"

阿诺德陈述的这一简单且毋庸置疑又证据充分的事实,却被莫利博士称为"草率推测"。以下还有更多这样的文字,口吻和上文如出一辙:

"连史蒂芬斯这样冷静而严谨的学者——他在他的遗址地图上将该石碑标为'N号纪念碑'——也因为该石碑上某些装饰元素明显像象鼻而误入歧途了:'石碑顶部的两个元素〔(史蒂芬斯实际上用的是'装饰'(ornaments)一词,而不是'元素'(elements)一词〕,看起来像大象这一不为当地人所知的动物的长鼻。'"

---

[1] *The American Egypt*,1909,p.284.

* 译者注:泰国的旧称。

第7号 "B号石碑",右侧视图

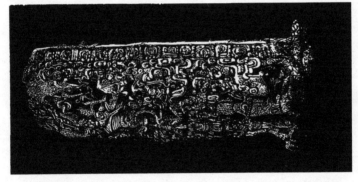

第6号 "B号石碑",右侧视图

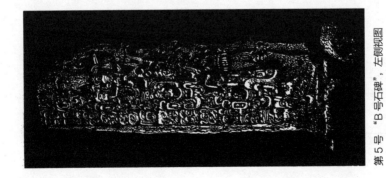

第5号 "B号石碑",左侧视图

选自莫兹利的作品。

第一章 探寻问题之本源

莫利博士在引用史蒂芬斯[1]的文字的脚注中补充说:"指出这一装饰元素代表蓝色鹦鹉有些被雕刻得过长的嘴的,斯平登是第一个人。"莫利博士的这一说法并不准确,如我曾经指出过,几个美国民族学家在斯平登提出前就持这样的观点。再者,莫利博士说出"斯平登误入歧途"这样的话后又何曾高兴得起来!因为斯平登只是偶然提及石碑上的装饰像大象鼻子,他自始至终坚持认为,这些雕像由当地人独立创作完成,他的这一信仰不曾动摇过。

除了对阿诺德"抖胆"提出科潘石碑展现了柬埔寨古代石雕的特点,以及对史蒂芬斯承认石碑角上的装饰像大象进行责难外,莫利博士紧接着用如下文字谈到我:"近来,埃利奥特·史密斯根据'B号石碑'上的装饰元素与大象的长鼻具有一些动物学上的相似之处,进而再次掀起将它确定为大象的极其荒谬的说法。"事实上,莫利博士在批评我时应该说"大象的头",而不是"大象的鼻子",因为我的观点主要依据的不是大象鼻子的形状。莫利博士并未针对我的观点进行——驳斥,而仅仅斥诸于权威,指出我的观点"幸而已被托泽、斯平登及米恩斯(Means)予以了有力的回击"。他还在脚注中补充说,三位学者"迅速驳斥了这一不靠谱的假设,作者(莫利)认为他们驳斥得非常成功"。

以这种方式回避问题本身后,莫利博士再次以我们熟悉的论调宣称:"不用说,任何在玛雅文明与旧世界的文明——埃及文明或蒙

---

[1] 1841,Vol. I,p.156.

古文明（这是针对我提出印度文明影响美洲文明观点而说的）之间建立直接文化联系的企图，都与这一领域的研究发现相冲突。玛雅文明与这些旧文明之间表面上的相似性，致使这一现在已被推翻了的假设的新信徒还不时涌现。"

为了界定争论的问题所在，我在上文特别引用了莫利博士本人的原话。不过，再进一步引用他的原话也只是展现相同论调，没什么新鲜内容，我还是转回讨论莫利博士陈述的事实。其中以下几点请大家特别注意：（a）有着中国人长相的脸；（b）石碑中出现的印度缠头；（c）认为石碑顶部角上所雕各头像与大象相像的评语，并提议其意在表现貘这一动物；以及（d）石碑背面巨大的怪诞脸。

针对以上特别提到的几点中的最后一点，我想在此先提一提克罗姆博士（N.J. Krom）[1]曾描摹过、位于爪哇巴拉（Bara）的象头神迦尼萨的石雕像，该雕像的背面有梵文中被称为"卡拉摩伽罗"（kalamakara，即摩羯头）的巨大怪诞脸。多个地方都出现怪诞脸，其重要意义何在，我会稍后在本书中予以阐述。在此，我不必再强调美洲雕像中出现印度缠头及中国人的面容特征具有什么意义，不过，史蒂芬斯和莫兹利都特别注意到了石碑角上的头像与大象头相似的问题，对此，我们有必要进行深入的研究。莫兹利认为貘乃玛雅人熟悉的动物，而该头像不过是以夸张的手法表现了貘。

---

[1] Inleiding tot de Hindoe-Javanasche Kunst, 1923.

第一章 探寻问题之本源

但是,该动物的眼睛被雕成了鼻孔,而耳朵又被雕成了眼睛,因此,认为该头像代表的是玛雅人熟悉的动物的观点站不住脚;再说,技艺如此高超的工匠(从他所雕的石碑可以看出,他一定技艺不凡),却雕出水平如此一般的貘,令人难以置信。再者,即使该石碑雕刻的是貘,石碑中出现的大象特有的长牙、象鼻特有的表皮、下唇、巨大的翼状耳朵、手持赶象棍而且戴着缠头的象夫,所有这些又作何解释呢?

貘的说法显然解释不通,而且,大多数近期在美洲考古方面发表作品的学者也摒弃了该观点。另一对立观点则认为,该石碑所雕刻的长鼻科动物实际是乌龟或蓝色金刚鹦鹉。在我开始讨论此观点之前,我想先请读者关注其他一些事实。

首先,读者不要忘了,这些科潘石碑矗立在有围墙的庭院中,而且与一组形态独特的大金字塔群关系密切。如果我们同意将希尔普雷奇特(Hilprecht)和费舍尔(Fisher)两位先生对尼普尔(Nippur)的神庙所作的复原工作用作证据,那么可以说,具有相似特征的金字塔早于公元前2400年便在美索不达米亚开始修建,而且如科潘一样,和这些巴比伦纪念碑紧密连在一起的也是带围墙的庭院。在接下来的成百上千年间,巴比伦人和亚述人不断建起新的纪念碑,这些纪念碑不像玛雅石碑一样用石头建成,而是用泥板砌成。公元前的几百年间,随着波斯湾与印度之间海上的交往,锡兰[*]以及印度南

---

[*] 译者注:斯里兰卡的旧称。

大象与民族学家

部也沿用了巴比伦人建造金字塔的习俗，不过，随着时间的推移，他们逐渐改用石头来建造金字塔。公元后最初的几百年间，柬埔寨和爪哇的人们又从印度和锡兰那里继承了建造金字塔的习俗。位于亚洲东南角的Ka-Keo[*]和巴孔寺（Ba-Kong）的金字塔，风格不那么华丽却又极精确地再现了锡兰波隆纳鲁瓦（Polannaruwa）古城遭毁坏的金字塔。再往亚洲东部及印度尼西亚，金字塔的建造则又有变化，其装饰之繁复华丽，即便是印度的金字塔也无出其右。事实上，繁复华丽的装饰成为了东亚宗教建筑风格的主要特征。因此可以说，建造金字塔的习俗在同时期的新世界变得同样盛行或者比太平洋彼岸的"旧世界"更盛行，并不仅仅是巧合。具有东南亚相同风格的金字塔，在秘鲁及厄瓜多尔西部、中美洲及墨西哥被发现；密西西比河谷以及北美东南部的多个州发现的退化的金字塔又与墨西哥的金字塔有着渊源；而在日本、中国山东、塔希提岛、马克萨斯群岛以及大洋洲的其他岛屿发现的结构简单的金字塔，则可溯源到柬埔寨的金字塔。所以，科潘的大象雕像与某些风格独特的建筑类别关系密切，而这些同样的建筑类别可以在印度这样一个也有雕刻大象形象以及将缠头作为头饰的习俗的国度看到。此外，出现在科潘的金字塔与刻有神灵形象的石碑关系密切，这一现象也能在印度见到，使我们不得不承认印度文化对科潘的突出影响。当然，美洲与印度的相似性并不仅仅停留在与印度类型的石金字塔密切关联的巨型独石

---

[*] 译者注：可能是Ta-Keo，即柬埔寨的茶胶寺。

第一章 探寻问题之本源

石碑上所刻的印度大象和印度缠头。科潘石雕的整体布局的灵感显然来自印度,而且,墨西哥和中美洲对象头神的崇拜——大多数古代美洲手稿都绘有对象头神的崇拜——与印度自其最早期文献《梨俱吠陀》(Rig Veda)就流传的对因陀罗神(Indra)的崇拜相同,而印度的因陀罗也与大象关系密切。如果有人质疑文化的传播发生在公元后初期而不是吠陀时期,那么,印度尼西亚的许多地方所呈现的印度文化基本属于吠陀时期的这一事实,可以充分让质疑者释怀。

上述确凿的事实,值得我们进一步关注、探讨。当玛雅人在科潘雕刻石碑的时期,印度工匠们也在以类似的方式雕刻石板;二者在整体布局方面如此的相似,又绝非只是巧合。我之前就说过,印度的影响并不仅仅反映在玛雅石碑的某些细节处,美洲雕像在整体布局上对其印度原型的精确再现,也同样明确地反映出印度的影响。纽约大都会艺术博物馆馆刊[1]刊发了一张从印度迈索尔的基凯里村(kikkeri)拍摄的毗湿奴(Vishnu)的石浮雕图片(参见第8号插图),被认为雕刻于12世纪最后25年的这一印度精美之作,呈现出与玛雅雕刻作品不可思议的相似性。这种相似性不仅体现在人物的组合与比例上,而且体现在装饰的许多细节之处。譬如,腰带上漂亮的垂饰,以及所缠的绑腿,都具有相似性。不过,他们二者之间的不同之处也同样耐人寻味。迈索尔石雕的完成时间在文化已经开始向东传播之后,可能比玛雅石碑晚几个世纪,向东传播的文

---

[1] Bulletin of the Metropolitan Museum of Art, New York, Vol. XIII, April 1918, p.87.

第8号 迈索尔（Mysore）*的中世纪时期雕像
雕像的整体布局及主要人像服饰与美洲雕像相似。

* 译者注：迈索尔，即今天印度南部的卡纳塔克邦。

第一章 探寻问题之本源

第9号　第4号插图的线条画
　　选自莫兹利的作品。

化对美洲的影响已体现在美洲石碑雕刻中，而迈索尔的雕刻也呈现出文化向东传播之后该地区发展起来的一些新特点。不仅如此，文化从印度到中美洲的传播过程中，经过东亚及美拉尼西亚，途中还产生了一些新的变化，这些新变化也呈现在了玛雅的雕刻中。举例来说，迈索尔石雕中的第三、四手臂，没有出现在美洲雕像中；而玛雅雕像中的神常手持水平状的物品——斯平登博士称它们为"小人形权杖"，而乔伊斯先生则称它们为"仪式斧"[1]，与锡兰、东亚、印度尼西亚艺术中神和祭司常常手持水平状经卷、剑或其他器具的形象相似，而且手持这些器具的姿势与科潘、基里瓜、纳兰霍（Naranjo）等地方石碑上的姿势相同。从婆罗洲的礼器来看，似乎为位于太平洋另一端的玛雅雕像所持礼器提供了原型。读者可以在莱顿的乔伊恩波尔（H. H. Juynboll）博士编写的《帝国民族学博物馆馆藏目录》*[2]查阅这些礼器的图片。斯平登博士没理由不知道这些神权的象征物意味着什么；而且辨别出这些礼器的灵感来源，对他来说也应该不费吹灰之力。某些美洲雕像中，礼器的形式为双头蛇——又或者叫"娜迦-摩伽罗"（naga-makara）的"蛇鱼"混合体动物——从其龇咧开的大嘴中，冒出雨神恰克的头。这一形象很显然来自印度〔尽管这一形象的含义最初来自巴比伦有关埃阿神

---

[1] *Mexican Archeology*，pp.235–238。
* 译者注：帝国民族学博物馆即现在的荷兰国立民族学博物馆。
[2] *Katalog des Ethnographischen Reichsmuseums of Leyden*, Borneo, Bd. II, 2nd Abth., 1910, pp.236-7.

第一章 探寻问题之本源

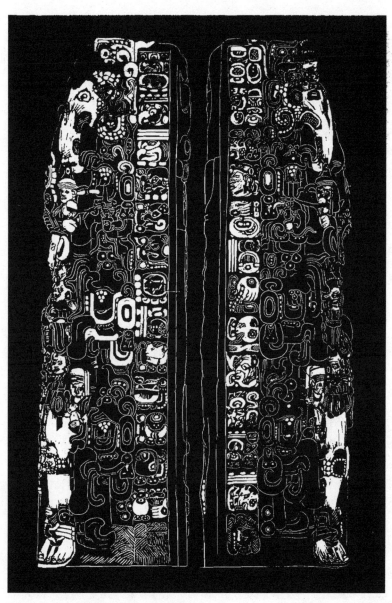

第10号 对"B号石碑"边缘所绘的线条画
选自莫兹利的作品。

（Ea）和马杜克神（Marduk）的传说〕，而且在它穿越太平洋，来到中美洲前，已在东亚广泛传播、广受欢迎。然而，斯平登博士似乎忘了约拿的命运和阿尔戈英雄们寻找"金羊毛"的经典故事，想象着从怪物的嘴里吐出人头这一特征，为美洲人创造该形象提供了有力的证据。但实际上，不管是从民间故事，还是图画中，我们都能了解到，这是旧世界最古老、最广为流传的神话故事之一。即便斯平登博士不熟悉这一情况，仅蛇鱼混合体怪物上颚独特的程式化表现手法这一点，足以能证明其源自印度，也足以揭示运用在玛雅雕像中的该形象在其原创国印度出现的时间。

那位雕刻了本书大费篇幅讨论的科潘石碑的工匠，在进行雕刻时，不了解印度赶象棍的真正含义，将它变成了权杖，并赋予它蛇鱼混合体动物"娜迦-摩伽罗"的程式化形象。

玛雅石碑繁复的雕刻中还有许多其他细节，不仅显示出印度文化的影响，还有印度支那、印度尼西亚及美拉尼西亚的影响——如耳环的耳插部分与耳坠、手镯、脚镯、腰带的形式（还有如此具有大洋洲独特风格的芋螺装饰），以及其他许多写意性装饰特点——我无需在此列举所有这些确凿的细节。对任何认真研究这些细节的人来说，所代表的含义是显而易见的。

在我看来，所有这些以及其他一些证据，明显指向这样的结论，即美洲文明（即便不说构成美洲文明的大部分要素，至少可以说许多要素）的发展形成在公元后最初的千年内，受到了来自太平洋彼岸的影响。以莫利博士为代表的另一美国学派则声称，前哥伦

第一章 探寻问题之本源

第11号 印度尼西亚摩伽罗像

　　来自爪哇的印度尼西亚摩伽罗，或神话"鳄鱼"。此图以下几点值得关注：头部侧面的月牙状装饰；伸展的上颚，及上颚向上延伸到最顶端变成了蛇头；从嘴里吐出人像。这种摩伽罗（即鳄鱼）和娜迦（即蛇）混合在一起的形象与大象密切相关。

布美洲文明是"美洲本土的产物，完全由新世界的人们所创造"。两派对证据的解读不同，观点亦截然不同，后文尚需要进一步讨论，以期消除分歧。

　　不过，我们面临的问题不仅仅在于科潘工匠1300年前左右雕刻的是否为大象，也不仅仅在于来自亚洲的影响是否左右了美洲文明的形成。问题的关键在于我们探寻文明起源时所应持有的态度。从大致整个世界来看,被我们叫做文明的"人造产品"具有共通性吗?还是说不同地区的人民在完全互相隔离的情况下,各自独立创造了他们自己的文化,也就是我们说的中国文化、印度文化、巴比伦文化,以及埃及文化,这些文化的缔造者们相互间毫无交往,也并无相互间的影响呢?这是有关人类创造力本源的基本问题,本书志在回答这一重要的问题。

证明美洲受印度文化影响的其他证据

能让魏茨(Waitz)和巴思琴(Bastian)关于美洲习俗与信仰独立发展的论调获得世人的认可,比起其他任何学者,已过世的爱德华·泰勒爵士(Sir Edward Tylor)或许最为"功不可没"。可能这样的说法更准确:这两位德国民族学家直接或间接地借用了苏格兰历史学家罗伯逊(Robertson)于1788年在他的《美洲历史》(History of America)中所表述的观点。没有泰勒的执著鼓吹,这一本不应该出现的教条陈说不可能获得严谨人士的认同乃至青睐,渐而会为人遗忘。尽管泰勒此举不幸损害了民族学,但他本人并非偏执之人,而是个真正的科学志士;他并非在纵容教条,而在探寻真理。所以尽管身为这一学说的主要支持者,他依然丝毫没有犹豫地提醒大家注意与这一美洲文明独立发展学说假设相悖的某些重要证据。毫不夸张地说,在泰勒致力于支持所谓"精神的统一"(psychic unity)学说前所写的《早期文明史》

(History of Early Civilisation)中,他是明确支持早期文明在世界范围传播的观点的。1878年,虽然泰勒已经成为支持所谓美洲习俗与信仰独立发展学说新运动的领袖人物,但他依然提醒大家关注使他所信仰的学说的可信性遭受重大打击的证据。他在《皇家人类学研究所杂志》(Journal of the Anthropological Institute)中撰文,以无可驳辩的事实,观点鲜明地论述了墨西哥游戏patolli演变自古老的印度游戏pachesi。虽然丘林(Culin)和库欣(Cushing)两位先生对此予以反驳,认为这一游戏"彻彻底底源自美洲"[1],却并未能撼动泰勒逻辑严密的论证。此外,1894年在牛津召开的大英人类学协会的会议上,泰勒发表言论,再次极大打击了关乎他自身名誉的该学说。在有关"神话信仰:作为文化历史的证据"的一次交流中,他特别讲到日本寺庙卷轴画所画的佛教中灵魂在四个炼狱场的经历,与现藏于梵蒂冈的阿兹台克手抄本中所画的通向"神圣"之地的墨西哥人的历程完全相同,并依此认为,前哥伦布美洲文化是在亚洲文化的影响下成形的。这就是一个诚实如泰勒的学者的典型举动,为了真心寻求真理,不惜引用颠覆其个人民族学信仰基石的证据。泰勒不满足于记录如上事例并推论出"墨西哥的信仰所呈现的与佛教思想如此紧密而复杂的相似性,除了能证明思想从一个宗教向另一宗教的直接传播外,别无他论"

---

[1] 参见D. Brinton, "On various supposed relations between the American and Asian races," *Memoirs of the International Congress of Anthropology*, p.149。

的观点,他还再次强调"冯·洪堡从研究墨西哥和亚洲的日历与神话灾难"到研究金属制品和游戏得出的观点的重要性。用泰勒自己的话说,他"认为,基于所有这些证据,人类学家应该有充分的理由相信,美洲各国的文化之所以能达到如此高的水平,是因为受到亚洲文化的影响"。

泰勒在《人类早期文明》一书中写道:"夏利华神父(Father Charlevoix)在他发表于1744年的著作《新法国的历史》(History of New France)中记录了北美大麋鹿的传奇故事。'这些当地野蛮人中传诵着大麋鹿的有趣的故事。大麋鹿巨大无比,其他动物若站在它身边和它一比,就会显得小如蚂蚁。据野蛮人讲,大麋鹿的腿很长,八英尺厚的雪对它来说完全不在话下;它的皮肤能抵御任何武器;而类似手臂的东西从它肩上长出,它能像我们使用手臂一样使用它的臂'[1]。很难想象,这种故事能得以传诵不是基于亲眼见到了大象而是别的。另外,有人认为野蛮人讲述上述故事,依据的是所见到的被冰冻起来因而皮肉保存完好的猛犸象,如西伯利亚所发现的猛犸象。这一说法解释不通,因为这类动物一旦死亡,其鼻子和尾巴会先腐烂,不如其身体更坚硬的部分那么容易保存下来。也因此在亚洲,人们基于发现的这类被冰冻起来的动物而传诵的神话,并没用关于鼻子和尾巴这类身体部位的故事。而且,野蛮人如果从没听说过大象如何使用其长鼻的故事,很难因为看到过死了的

---

[1] Charlevoix, vol. V, p.187.

第一章 探寻问题之本源

动物,便能想象它如何使用长鼻;再者,即便这一动物的鼻子真的保存完好无损,野蛮人也很难将该动物如何使用其鼻子,和我们人类使用手臂相提并论。印第安人所讲述的大麋鹿的故事,是在真实地回忆他们亲眼见到的象科动物。其中一本墨西哥手绘书中有一幅画,进一步印证了这种说法。画中,一个戴面具的祭司正将一个活生生的人作为牺牲品献祭。冯·洪堡将这一幅画用在他的作品《科迪勒拉山脉美洲土著人石碑遗址》中时,解释说:'假如不是因为主持献祭的祭司所戴面具与印度迦尼萨神(象征智慧的象头神)非常相似,并且这种相似又绝非偶然,我是断不会在我的作品中使用这幅场景骇然的画的'。"[1]

洪堡接着说:"墨西哥人使用的面具模仿蛇的形状,或鳄鱼的头,或美洲虎的头而制。我们可以辨认出祭司所戴的面具为大象的长鼻,或为某些构造与象鼻相似的大型厚皮动物的长鼻,而上颚则有门齿。虽然貘的鼻子无疑比猪鼻子长,但貘的鼻子与波吉亚手抄本所绘的长鼻仍差异巨大。难道从亚洲迁来的阿兹特兰人(Aztlan)*。对大象还留着些模糊的印象?或者是不是还有一种可能性更小的情况存在,即这些故事开始流传的时期,美国仍是该类动物的栖息之地?因为在泥灰岩地区乃至墨西哥科迪勒拉山脉的山顶发掘出了这类巨型动物的化石。还有一种可能,位于新世界西北

---

[1] 第304和305页,图30。本书复制了该画,标为第12号插图。

* 译者注:纳瓦特尔语阿兹台克人的意思。

第12号　在阿兹台克发现的波吉亚手抄本中的一个画面
洪堡和泰勒称之为戴着象头面具的人，而塞勒则称之为"蝙蝠神"。（选自泰勒的作品）。

部，不曾为赫恩（Hearne），或麦肯齐（Mackenzie），或刘易斯（Lewis）足迹所至的国家，曾经生活着一种不为人知的大型厚皮动物，就其长鼻子的样子而言，介于大象和貘之间。"

我之所以不惜全文引用上述有趣的文字，主要因为洪堡在引文中建议的两种可能性——可能性之一，手抄本所绘的画代表貘，而非大象；可能性之二，如果画代表大象，则应该为美洲业已绝迹的大象种类而非印度种类的大象——仍然被那些一意孤行继续否认前哥伦布美洲文明与南亚文明有任何关联的人士积极采用。

第一章 探寻问题之本源

冯·洪堡在指出祭司头饰与印度神迦尼萨的相似性后,并没有花篇幅深入讨论他推测的某种奇怪长鼻科动物在美洲生活过的可能性,有些不合情理,而且他还在同一本书里再次请人们注意印度神话与墨西哥神话之间存在的一些惊人的相似之处。

早期各方对该观点的争论及展开的讨论,班克罗夫特用以下文字进行了概括:"在美洲而且主要在乌斯马尔(Uxmal)地区发现的一些残败的建筑遗址及图像上,有一种与象鼻有些相像的装饰。一些学者认为该装饰是美洲文明起源于南亚学说的证据之一。另一些则认为,这一钩形鼻子实际上是在中美洲很常见而且在某些地区还被视为圣物的貘这种动物的鼻子,只不过在雕刻时鼻子被加长了而已。不管两派的观点如何,若说雕刻的鼻子像大象的鼻子或像貘的鼻子,都有些依据,不过都需要借助丰富的想象力,所以我认为大家不值得为此一点大惊小怪,耗费精力。"如果乌斯马尔石碑是独一无二的,那么该装饰是长鼻科动物极端程式化的表现形式或许可以解释班克罗夫特的上述点评。不过,由于亚洲遍布该装饰风格的原型,所以我们当然知道这些美洲装饰到底表现的是什么。它们与分布在暹罗、柬埔寨和东亚其他地方,以及婆罗洲和爪哇等地的神圣建筑物上的装饰如此相似,我们可以肯定,美洲装饰所表现的无疑是像大象的摩伽罗类的形象。

貘的说法唯一所依据的是该动物生活在中美洲,此外并无其他证据支撑,却直到13年前还一直不失其权威性,而其中最近的支持者包括布林顿,莫兹利及塞勒。不过塞勒在1910年又采纳了弗斯特曼"与众不同"的观点，即认为石碑所雕并不是大象，而不少组成要素表明雕像实际表现的是龟这一动物——这对坚持认为科潘大象实际是蓝色金刚鹦鹉的某些美洲学者的观点，不啻一条让人哭笑不得的评注！

金斯伯勒勋爵耗费巨资，试图证明失踪的以色列十部落逃难到美洲并在那里落脚。他宣称："没有一丝一毫的证据表明墨西哥人和秘鲁人对印度神话有些微的了解"，这种说法也同样离谱。他接下来所做的补充说明表明他对情况有了更清楚的认识："若能证明他们知道哪怕一种'旧大陆'所特有而美洲没有的动物类别，两个半球的人们之前曾经有过交往就有了让人信服的证据。鉴于此，我们不由得想到以下值得关注的几点：托马斯·博德利爵士（Sir Thomas Bodley）所收藏的墨西哥手绘本第36页像犀牛头的头；墨西哥手绘本中画得像象鼻的鼻子；再者，根据西蒙（Simon）的记录，波哥大的一个省有类似骆驼骨头的物品，许多年来作为遗骨为当地人保管，受当地人供奉。"

班克罗夫特（同上。note 99）也引用了冯·洪堡和瓦尔德克（Waldeck）支持美洲雕像及手抄本中有大象形象的观点。

我想先列举一些证据并阐述这些证据有什么本质上的意义，之后我再回来讨论它们所代表的观点。这些我要列举的证据，表明的事实再确凿不过，即不仅美洲雕像和手抄本中表现的是大象，而且当这些大象的形象传播到美洲时，伴随而至的还有大量的印度的宗教信仰。

第一章 探寻问题之本源

附　录
对印度德里大象雕像的说明（如第3号插图所示）

　　螺旋状装饰是印度大象雕像中如此重要的组成部分，我因此特别在本章结尾补充有关德里大象雕像的情况介绍。

　　《印度考古调查1905—1906年年度报告》第33至34页简要介绍了德里红堡最早的大象雕像及雕像被毁后后人重塑大象雕像的前前后后。1663年，伯尼尔（Bernier）见到这些与真的大象同等大小的雕像时，即为它们的宏伟壮丽所折服。几年之后，欧洲人德提夫诺（de Thevenot）也同样注意到了这些雕像，他显然是最后一个目睹矗立于此的该雕像被毁前形象的欧洲人。后来造访此地的旅行家们将雕像的被毁归罪于奥朗则布（Aurangzeb）国王，因为这些大象雕像的消失，发生在他统治时期。1863年，人们在城堡内一座房屋下面，发现了真象大小的两只大象及其骑象人的残片。坎宁安将军（General Cunningham）最初将这一发现发布在《孟加拉亚洲学会杂志》[1]，随后又纳入他1863年的《考古调查报告》（Report for the Archeological Survey）中。1866年，在德里建造一尊大象雕像时，使用了这些残片中尚可利用的部分。恰如马歇尔（J. H. Marshall）先生（现为爵士）在他的文章中颇费心力予以论证的一样，这尊雕像在未能准确表现大象的动物性构造细节方面的作品

---

[1] *Journal of the Bengal Asiatic Society*，XXXII，1863，pp. 296—299。

中，可谓是个极好的例子。

  1903年，寇松勋爵（Lord Curzon）建议在位于城堡入口外面的大象雕像原址上修建其复制品。麦肯齐（R. D. Mackenzie）先生，一个在印度艺术方面有着丰富经验的艺术家，接受使命，根据发现的原雕像残片，为雕像的复制品准备模具。随后，印度本地的艺术家们根据麦肯齐的模具雕刻了两尊大象石雕。如此分工，是为了确保最终完成的作品不仅具有大象动物构造方面的准确性，也承袭独特的印度风格。有意思的是，麦肯齐先生的模具（《报告》的第38页提供了该模具的图片）中，螺旋状装饰很柔和，而印度工匠最终完成的作品中，螺旋状装饰被醒目而突出地呈现出来。约翰·马歇尔爵士（Sir John Marshall）在文章中指出，麦肯齐先生特意为这一传统装饰元素定基调，以免印度工匠在复制品中过分强调该元素，而印度本土艺术家将该装饰元素凸显出来，似乎可以证明螺旋状装饰实乃印度艺术中大象的程式化表现手法。

  该领域的专家们至今尚无法确定最早期的大象雕像的确切雕刻年代，实在让人遗憾。马歇尔爵士推测，最早期的雕像为纯印度式的，作为战利品被带到德里并被矗立起来，而穿着伊斯兰教徒服饰的象夫则是后来被加上去的。雕像被毁后，近代的人们在制作其复制品时，为了追求细节上的准确，省去了"象夫"部分。

第二章 其他大象形象

科潘石碑上的大象并非美洲唯一表现该动物的形象,即便不包括诸如威斯康星州颇富争议的"大象土丘"(请参考亨肖和托马斯的作品)、爱荷华州的"大象烟杆"(麦奎尔),以及乌斯马尔地区前哥伦布玛雅手抄本及雕刻的象形文字中的大象装饰,美洲也不乏大量被叫做"长鼻神"的大象艺术形象——谢尔哈斯称之为"B号神"。我之前也引用过冯·洪堡对大象头饰的描述以及塞勒有关大象的诠释。帕伦克神庙的墙上所刻的人像头上套着象头的外皮,格伦威德尔(Gruenwedel)还复制了旧世界一些戴相似头饰的作品[1]——包括一幅北京的喇嘛教袖珍人像绢画(第13号插图),表现的是南方增长天王(Virudhaka)的神像,他是"负责守护南方的天王,也是阎罗王(Kumbhandas)",标志性器物为大象头外

---

[1] 参见《佛教艺术》,*Buddhist Art*, p. 138。

第13号 中国人像
　　戴大象皮头饰,手持剑,持剑的姿势与美洲人像手持权杖的姿势相似。(选自格伦威德尔的作品)。

皮做的盔甲,及一柄长宝剑。说到戴大象头外皮做的盔甲,希腊传说中也有这么一位神奇人物,欧提德姆斯一世(Euthydemos I)的儿子德米特里(Demetrios),以他的头像铸造的钱币上就戴着该

第二章 其他大象形象

头饰——这一形象可能得追溯到亚历山大大帝的英雄伟绩。

保罗·谢尔哈斯博士在其有关玛雅文化的考察实记《玛雅手抄本中神祇的形象》[1]中，把被他特别标为B号的神描写成"长着大鼻子，舌头耷拉着伸出来的神"。他所讲的"长长的、像象鼻一样下垂的鼻子"就是大象的鼻子；而大象的长牙则被他描述成"舌头（或牙齿，或獠牙），从嘴的前方或两侧伸出"。

谢尔哈斯在该著作的其他处还另外描述了"有长鼻装饰的神"（他称之为K号神），他表示K号神与B号神（即象头雨神）不是同一个神，但可能与B号神密切相关（32页）。他接着说："我们可以从K号神的头部看到中美洲神庙遗址中很常见的装饰——即'象鼻'装饰"。这些主要用在神庙墙角的特殊的、程式化的脸，还长着突出的象科动物的鼻子，毫无疑问展现了K号神的特征。"（34页）

对玛雅石建筑上出现的长鼻状的装饰究竟代表什么含义，考古学家们分歧很大，不过，将玛雅石碑与暹罗、柬埔寨建筑物进行比较发现，两者具有同一特征，被后者称为摩伽罗的塑像，有时就带象鼻装饰。

1908年，明斯特大学的动物学教授斯坦佩尔博士着手以生物学的视角研究玛雅手抄本，期望能识别这些手抄本所画代表什么动物。[2]对于1904年被谢尔哈斯标为B号神的神话动物，他描述为长

---

[1] Peabody Museum Papers, 1904, p.16.
[2] "Die Tierbilden der Mayahandschriften," *Zeitschrift für Ethnologie*, Bd. 40, 1908, p. 716.

第14号　希腊钱币上戴大象皮头饰的人像
　　头饰的戴法与第13号插图相似。

着象头的神（717页），不过他并不认为该形象是对大象的一种程式化的表现形式，而认为是已绝迹的美洲更新世动物，名叫福尔肯（Falcon）的哥伦比亚大象。他这里谈论的画，绘于这一象科动物绝迹成百上千年之后，况且，即使我们承认某个古代玛雅古生物学者选了一种仅有化石存在的哺乳动物作为他崇拜的主神，然后想象

第二章 其他大象形象

出这一动物长着肉质长鼻（或者通过研究离这些画所在地成千上万英里远的地方发现的冰冻标本），但是，我们又如何解释，这一象科动物的神，为什么会被赋予和旧世界吠陀神话中因陀罗神相同的传奇事迹呢？

不过，即使斯坦佩尔教授所持观点——认为画墨西哥及中美洲象头神的艺术家的艺术灵感来自于对一种早已绝迹动物的记忆——不能让人信服，但他论证象科动物的这一事实却值得一提。他曾经尝试证明玛雅手抄本中的动物是神话动物鹿，这一尝试失败后，他又考虑另一种可能，即艺术家们在绘画时使用了中新世的动物化石（715页）作为原型——这不失为一个大胆而有意思的提议。但他接着说，如果代表的是叫马萨特兰（Mazatl）*的有蹄动物的可能性极小，那么我们不得不面对现实，接受更易于让人接受的可能性，即绘画表现的是一种已绝迹的动物，而大象恰是这种在美洲已绝迹的动物。因为在他看来，手抄本表现的不可能是某一种真实的动物，而手抄本多处出现了长着一个很特别的头、鼻子和长度被夸大了的牙的同一个神祇，这个神祇有着大象的模样这一点就不容置疑。

尽管翻阅整个手抄本，并无一张大象这种动物的画，但手抄本很多地方所画的神都具有与大象相似的头，这一定程度表明，艺术

---

* 译者注：即纳瓦特尔语鹿的意思。

家通过亲眼所见,或根据流传的故事,或多或少用绘画表现了大象的头。谢尔哈斯博士在《知识的边界》[1]中讨论了大象的问题——由冯·洪堡在一个世纪前率先提出——谢尔哈斯从多个角度进行了探讨,得出的结论是,历史上某个时期,美洲人曾与大象的某个物种共同生活过,不过,人类的创造力往往使他们可以不依赖动物原型而想象出令人惊叹的动物模样来,所以在不进行进一步探究的情况下,没有充分证据表明手抄本所画的每一幅像象鼻的画都参照了大象这一动物原型。人们如果完全以动物学家的视角研究所涉及的手抄本中神祇的头部,就会发现其与象科动物的相似性并不仅仅限于鼻子的长度、鼻子特殊的形式及弯曲的样子,以及整个头的形状——还有最后却并非最不重要的一点——表情,即长鼻呈现出的模样,都具有相似性。总而言之,斯坦佩尔查阅研究了所有画有B号神(即谢尔哈斯所命名的神)的画后认为,长鼻根部突出的装饰代表象科动物猛犸象弯曲的长牙这一结论,值得大家重点考虑。确定无疑的是,B号神(可能也包括装饰着长鼻、被谢尔哈斯标识为K号神的神)的头部属于象科动物的头。

斯坦佩尔认为,古代尤卡坦房屋墙壁上及雕带上如此常见、活灵活现地被装饰在神祇(即B号神)头部的长鼻,也是大象的鼻子。因为在他看来,所有这些动物形象,是基于叫福尔肯的已绝迹哥伦比亚大象所进行的创作,这种动物的残骸在下更新世及上新世上段

---

[1] *An den Grenzen unseres Wissens*,1908,pp. 56—62.

第二章 其他大象形象

的地层中已被发现,也被发现出现在德克萨斯、加利福尼亚、科罗拉多、佛罗里达及墨西哥更近时期的沉积物中。哥伦比亚大象被认为不过是长毛象的一支,即猛犸象。而欧洲发现的绘有猛犸象的画显示,在欧洲,猛犸象曾与人类生活在同一时期,斯坦佩尔据此认为,基于这些中美洲神祇的头像,我们很可能可以为中美洲下与欧洲相似的结论。

对塞勒(1880年)和布林顿[1]所持观点认为所画B号神的头部代表貘的头,斯坦佩尔针锋相对地说,从动物学的角度来看,特洛阿诺-科尔特夏诺手抄本(Codices Troano and Cortesianus)中表现的头更接近大象而不是貘,并就该头不可能代表貘总结了几点原因(719页)。

尽管斯坦佩尔博士作为动物学教授的观点,对玛雅手抄本中B号神的头代表大象这一事实来说,不失为有价值的证实,但他在试图阐释其考古意义方面却不尽如人意。法国洞穴中发现的猛犸象壁画,为生活在成千上万年前的人类所画,他们与所画的猛犸象生活在同一时期。而玛雅象头神的绘画时间不会早于离现在1000年前的时期(最多也就1000年),艺术家们在作画时曾经见过这种动物的遗体,或听说过流传的有关该动物的故事的可能性极小。假使真的如此,他们不可能将这种传说中的动物的头装饰成他们最

---

[1] D.G. Brinton, *A Primer of Maya Hieroglyphics*, Publications of the University of Pennsylvania, Series on Philosophy, Literature and Archeology, vol. III, 1895, No.2, pp. 54 *et seq.*

喜欢的神的头，更说不通的是，他们能根据流传了成千上万年的口头故事，如此准确地复原该动物的长鼻子！斯坦佩尔教授的猛犸象理论无法经受住这一系列的质疑。除此之外，研究玛雅手抄本所画的一些场景，可以完全否定斯坦佩尔教授有关B号神大象头的观点。因为这些以手绘的原始画形式讲述的故事，是印度吠陀神话有关因陀罗故事变化了的版本，而且美洲手绘画所表现的头部代表因陀罗的大象的头，并非已绝迹的猛犸象的头。最后，科潘石碑上的多个象头形象，以及上面着实坐着的印度象夫可以让我们就此盖棺定论。

查尔斯·舒克特（Charles Schuchert）先生[1]在他所著讲述美洲玛莫特（即乳齿象）骨架的考古发现一书中，探讨了美洲的人类与猛犸象是否同时代生活的问题。书中，他认为，美洲乳齿象在美洲的灭绝可能仅仅"一千年，或者最多几千年"，而且美洲印第安人使用新石器时期工具可能在一定程度上促进了该物种的灭绝。为了证实他的上述观点，他说，"我们不应该忘了，约翰·克拉克（John M. Clark）于1887年在纽约怀俄明县的阿提卡挖掘出美洲乳齿象遗骨时，还同时发现了陶器和木炭。"而且，他还提到堪萨斯州的泥灰中发现的箭头，以及泥灰上面发现的与之相连的悬铃木野牛的一块右肩胛骨。泥灰中还发现了古代西欧人非常熟悉的猛犸象的遗骨。

---

[1] *The American Journal of Science*, Vol. xxxvii, April, 1914, p. 328.

第二章 其他大象形象

即使我们能消除所有关于这些象科动物灭绝前人类已来到美洲生活的疑问——我们必须坦承,相关疑问并没有得到解答——也无法影响我们所讨论的问题。因为公元后几个世纪之后,才有了科潘石碑的大象雕刻以及玛雅手抄本中的手绘画。而且,这些美洲雕像所雕、手抄本所画,乃是印度大象,而且还带着东亚的符号象征色彩,向我们讲述着来自旧世界的神话故事。换句话说,引起我们兴趣的主要不是美洲艺术表现了大象这一事实,更多的是大象周围程式化的装饰,以及这些装饰为我们揭示出其何时被带到美洲、其来自旧世界的何地。这些画显然不是出自熟悉活生生的大象的艺术家之手,而大象与蛇这两种动物特征的奇特混合,并以独特的程式化形式来表现,无疑可以追溯到亚洲。

1921年的4月17日,杰伊·泰勒先生(Mr. Jay L. B. Taylor)在他密苏里牧场的洞穴里发现了一根刻着似大象的动物形象的骨头。他向纽约美国自然历史博物馆讲述了这次发现的细节,有关该发现的详情随后以《印第安人知道乳齿象吗?》(Did the Indian know the Mastodon?)为题,发表在该馆1922年的馆刊《自然历史》(Natural History)上。18年前,查尔斯·皮博迪博士(Dr. Charles Peabody)和沃伦·穆尔黑德(Warren Moorehead)先生详细考察过该洞穴,认为该洞穴为史前人类的穴居地。这一发现在考古学领域意义重大,或许可以证明人类与乳齿象曾经同一时期生活在美洲,但鉴于我之前陈述的诸多原因,该发现无法影响或改变玛雅文化以亚洲程式化形式表现印度大象的结论。

大象与民族学家

　　斯坦佩尔将长着长鼻的动物认定为大象时,依据的不是科潘石雕,而是特洛阿诺手抄本中的精美绘画(参考第16号插图)。

　　斯坦佩尔将该画所表现的场景描述为"脚踩蛇首的B号象头神",而塞勒则描述为"作为雨神脚凳的蛇"。另一幅选自科尔特夏诺手抄本的画则从另一角度表现了同一主题(参考第15号插图),画中,蛇(美洲响尾蛇)将身体卷成盛水的囊,正在阻止水流到地面。多本玛雅手抄本展现了这一场景,展现的方式之多,有如古

第15号　美洲长着象头的雨神像
　　其中蛇盘成盛雨水的水袋,雨神所持为人手形状的雷电(来自玛雅科特西亚手抄本,Maya Codex Cortes,选自塞勒的作品)。

第二章 其他大象形象

第16号 尤卡坦象头神恰克

脚踩蛇首，正在将水罐中的水倒出，而蛇正在阻止水落到地面上。（来自特洛阿诺手抄本，选自塞勒的作品）。

代印度诗人吟颂因陀罗战胜巨蛇弗栗多（Vritra）的壮举——弗栗多又名"掩盖者"，它将巨蛇捉住按在雨层云中，阻止雨水落到地面。[1]

美洲关于象头神的传说和印度关于因陀罗的传说提供了非同一般的证据，对二者进行比较后让我觉得有必要就此展开更全面的讨论。

我无意在此试图担起讲述墨西哥雨神特拉洛克无比复杂的来历和关系的艰巨任务。有关特拉洛克神变化多端的性格特征以及该神的各种丰功伟绩，读者可以参考塞勒教授关于梵蒂冈手抄本[2]的专著（特别是第106至111页）。他还有一部作品致力于研究墨西哥和玛雅手抄本中表现动物的画（1910年），读者若想进一步了解特拉洛克神及其玛雅原型恰克神，可以参考他的这部作品。

不过，这些神的主要事迹如此栩栩如生地出现在玛雅手抄本绘画中，其性质及所代表的意义应毋庸置疑。斯平登在他的专著《玛雅艺术》（*Maya Art*）中说（62页）："谢尔哈斯在他颇负盛名的论文《玛雅手抄本中神祇的形象》中，将手抄本最常出现的形象称为B号神，他还宣称，B号神是'无处不在的神，掌管世间万物，自然现象和自然活动'。许多权威人士认为B号神代表库库尔坎（Kukulkan），即羽蛇神（the Feathered Serpent），等同于阿兹

---

[1] Hopkins, *Religions of India*, p.94.
[2] Codex Vaticanus, No.3773.

第二章 其他大象形象

台克人的魁札尔科亚特尔神（Quetzalcoatl）*。还有人认为B号神是伊察姆纳神（Itzamna），即'掌管东方的蛇神'；或者认为是恰克，即代表四季的'雨神'（Rain God），等同于墨西哥人崇拜的特洛拉克神。"这些混乱的类比，结合印度神话来看，意义重大，因为我们可以在印度，而尤其在爪哇及印度支那，注意到这些类比。

德累斯顿手抄本（Dresden Codex）的其中一处，象头神B号神紧紧拽着巨蛇；另一处，B号神从巨蛇的嘴里冒出；再另外一处，他则被赋予蛇的身体。特洛阿诺-科尔特夏诺手抄本中，B号神则与雨和玉米种植有关；该手抄本中的另外一处，他附在蛇的身体上，而头部则为变化了的象头。[1] 帕伦克神庙发现的"枝叶形十字碑"上的象头神则从蜗牛壳中冒出来。[2] 斯平登在谈到这幅画时指出："从该神的手里长出植物，植物的叶丛中现出一张脸，貌似玉米神，而贝壳在这里可能代表着水。"

除了以上所述诸多例子，象头神还频繁出现在象形文字浮雕中。斯平登在谈到这些象形文字浮雕时说："在弗斯特曼看来（1902），玛雅历中的Kayab月**，也就是夏至所在月份，由龟头表示。但从其眼睛下方弯钩似的喙，眼睛周围带点的圈，以及鸟嘴上部出现的鼻孔来看，我们几乎可以确定，该头实际是蓝色金刚鹦鹉

---

* 译者注：即纳瓦特尔语"羽蛇"的意思。
[1] 参见斯平登的作品。同《玛雅艺术》，62—66页。
[2] 同上书，83—84页。
** 译者注：即6月1日—6月20日。

的头。"[1] 基于我本书之前的论述，可以肯定，象头（即斯平登所指的"鹦鹉"）一定才是代表玛雅历中Kayab月的象形文字。

现在我将讨论的重心转到象头神——即玛雅人信奉的恰克神，墨西哥人所信奉的特拉洛克神——的特性。

乔伊斯先生在他的《墨西哥考古》一书中归纳了大量有关该话题的文献。"对尤卡坦人来说，与农业有关的诸神是所有他们信奉的神祇中地位最高的。在墨西哥，掌管农业的神和雨神同时也是雷神；在尤卡坦半岛，这一神被称为恰克神……正如墨西哥的特拉洛克神一样，恰克神手持代表雷神战器的斧头，与整个美洲都象征着雨水的蛇紧密联系在一起。在我看来，恰克神毫无疑问即玛雅手抄本中被谢尔哈斯称为B号神的神，也即整个古代玛雅地区的石碑上常常出现的神。该神和特拉洛克神一样，长着长鼻子和长牙，而长鼻子在尤卡坦半岛的建筑物上逐渐演变为象鼻子。"[2]

关于墨西哥的特拉洛克神，乔伊斯结合相关文献做了如下概括："对于聚居在河谷，以农业和渔业为生的部落来说，司掌植物、雨水和土地的神最为重要；阿兹台克人开始定居下来并致力于精耕细作后，他们也开始信奉这些神，并在其神系中给予这些神很高的地位。其中最重要的神是特拉洛克神，即掌管雨水和雷电的神，对他的信奉似乎极其广泛，从瓦斯特克人（Huaxtec）居住的特奥

---

[1]《玛雅艺术》，82页。
[2] 120页，220页。

第二章 其他大象形象

提瓦坎(Teotihuacan。这里唯一被明确辨认出的神便是特拉洛克神),到萨波特克(Zapotec)地区的奎恩戈拉(Quiengola)和特奥提特兰(Teotitlan),再到危地马拉的昆桑托(Quen Santo),分布在这些地方的前阿兹台克时期的遗址有他大量的神像。甚至有人联想到,当阿科尔瓦人(Acolhua)在奇奇默克(Chichimec)第一任统治者科罗特尔(Xolotl)统治时期抵达河谷时,他们发现,此地的山上矗立着特拉洛克神的像,他们便继承了对这一神的信仰崇拜。墨西哥众神中,特拉洛克神是最容易辨认的神之一,因为他的形象中,蛇缠绕着他的眼睛(此外,该神还长着长长的牙齿,以及象鼻似的鼻子。有关该神奇特的形象,参见塞勒关于《梵蒂冈手抄本》的作品,Figs. 299—304)。"在《龙的演变》(86页)一书中,我特别提醒大家,我们仍然可以在今天的暹罗见到这一美洲形象的原型。《罗摩衍那》(*Ramayana*)*中,后来取代因陀罗的神罗伐那(Ravana),标志就是扭曲的蛇构成的脸。我在书中是这么写的,"据传,特拉洛克神是最早被创造出来的神之一,住在东方类似天堂、叫做特拉洛肯(Tlalocan)的地方。在特拉洛肯,他主管淹死者的灵魂,以及那些活着的时候饱受水肿之苦的人的灵魂。据传,他在司掌这一职责时,有多位从属于他的名叫特拉罗奎(Tlaloque)的雨神协助他。他们从神奇的大水罐往外分配雨水,并通过用棒子抽打水罐来制造闪电"(36页)。"他作为丰饶之神,

---

* 译者注:印度史诗。

拥有玉米,尽管他并非生来就是玉米神,因为据传,玉米原为那些藏在山中央的其他神祇们所发现,而特拉洛克却偷走了玉米"(37页)。

　　印度神话最常以大象的形象出现的神迦尼萨明显不是特拉洛克神的原型,因陀罗神的特性和功绩,则与尤卡坦的恰克神及墨西哥的特拉洛克神非常相似,而且其中许多方面又有着让人觉得不可思议的相同性,所以我们确定,因陀罗神才是恰克神与特拉洛克神的原型。

　　即使因陀罗神并不总以大象的形象出现,他也常常与大象这一动物联系在一起。霍普金斯教授(E. W. Hopkins)陈述说,在印度,"尽管今天的许多教派出现的时间相对较晚,他们的教义却通常相当古老,他们的教派符号及象征他们所信奉神祇的动物也同样非常古老。这些动物中的某些似乎为原始部落的图腾,而另外一些则仅仅是某些部落崇拜的对象。所以可以说,公羊*和大象分别是代表阿耆尼神(Agni)和因陀罗神的古代动物"[1]。如果最终证明,特拉洛克和恰克就是美洲的因陀罗,那么我们相信对该神的信仰经由太平洋传播的过程中,甚或在抵达太平洋前,已经出现了一定程度的误解或困惑;而且最终传播到美洲后,因陀罗不再仅仅与大象联系在一起,还被赋予了大象的形象。

---

*　译者注:或称白羊。
[1]　*Religions of India*, p. 445。

第二章 其他大象形象

特拉洛克神出现在玛雅手抄本中的频率是其他任何神的两倍多,为"墨西哥神系里最重要的神",而因陀罗也被称为"万神之王"。

乔治·伯德伍德爵士(Sir George Birdwood)告诉我们[1],"印度的往世书神话中,因陀罗地位显赫,是继三大主神之后最为重要的神。他作为世界的守护神之一和掌管东部洲的神(正如在美洲,象头神掌管东方),在每个节庆开始时先受到祭拜。在孟加拉,每年农历婆罗钵陀月(Bhadra)的第14日,是因陀罗的节日,孟加拉举国欢庆"(64页)。"因陀罗的居所位于须弥山山顶的善见城"(65页)(特拉洛克的居所也位于山顶)。"对因陀罗最隆重的庆祝,在马德拉斯管区被称为庞格尔节(Pongol)*。即'沸腾'之意),在该节日,信徒们无分教派,共同庆祝。丰收节与献给太阳神苏里(Surya)的其中一个节日时间相同,在印度其他地区这一节日叫摩伽罗桑德兰提节(Makar Sandranti)**。该节日出现在太阳进入摩羯座〔即'伐诃纳'(vahan),或水神伐楼那(Varuna)的坐骑,爱神迦摩(Kama)的旗徽〕的时间,即印度教历摩迦月(Magha)(1月到2月)的第一天,是印度南部最重大的节日……节日祭拜的神只有吠陀时期的神,可以看出这一节日年代久远,原始

---

[1] 南肯辛顿博物馆出版的"科学与艺术手册系列"之《印度的工业艺术》,*The Industrial Arts of India, Science and Art Handbooks*, South Kensington Museum, 1880.

* 译者注:即丰收节。

** 译者注:也即丰收节。

味十足。其中因陀罗为主持神，阿耆尼则为祭拜的主要对象。"

"太阳进入摩羯座的时辰，人们在婆罗门的陪伴下，走向大海沐浴"（66页）。

上述引文将因陀罗崇拜与一般被称为摩伽罗的神性"鳄鱼"联系在了一起，而大象化身的摩伽罗形象（参见第17号插图）对更遥远的地区，如美洲和苏格兰的大象表现手法产生了非常显著的影响。乔治·伯德伍德爵士为我们指出印度南部因陀罗崇拜与摩伽罗的关系，让我们获益匪浅，因为这一地区在印度文化通过海上的传播方面发挥了主要作用。

摩伽罗的化身之多，令人惊叹，而摩伽罗的某些化身，成为印度神话与远离印度国度的神话之间非常有趣的纽带。我从伯吉斯（Burgess）主编的格伦威德尔所著之书[1]中（57页）借用了一幅图作为本书第18号插图。格伦威德尔的作品对摩伽罗的海象化身作了如是描述："该动物的最上部分为大象，身体和尾巴则为鱼。这一形象和长着翅膀的大象及海马一起，甚至还出现在位于菩提伽耶寺（Buddhagaya）阿育王时期的石栏浮雕上。"

从复制的第18号插图可以看出，该画表现的是很晚期的大象化身的摩伽罗。这是一幅值得特别关注的画，因为将它与美洲的表现手法进行比较，就会发现该画大象头部上方的叶片状装饰，

---

[1] Albert Gruenwedel, *Buddhist Art in India*, trans. By Agnes C. Gibson; revised and enlarged by James Burgess, London, 1901.

第二章 其他大象形象

第17号 古巴比伦羚羊-鱼混合体动物形象及印度摩伽罗形象

上图中，最上面两个为古巴比伦羚羊-鱼混合体动物形象，其中，右侧的动物还是马杜克的坐骑。

其余九图为印度摩伽罗早期的各种形象，分别是奶牛、白羊、狮子、大象、鳄鱼及长着其他兽首的动物。最下端的动物是鳄鱼类的动物，但其头部似乎为大象头，这一形象的摩伽罗为伐楼那的坐骑。

第18号　中世纪时期爪哇大象化身的摩伽罗形象

以及耳朵下方的螺旋纹，对美洲表现形式的形成可能起了一定作用。这一幅画原本织在织物上，其便携性或许可以解释它如何穿越了大西洋。

从摩伽罗早期的多种化身（如第17号插图所示）我们可以看出巴比伦混合体怪兽形象与印度的多种摩伽罗形象之间的传递关系，以及样式各异的大象头如何演变而来。

"阿育王时期的艺术作品，甚至还包括桑奇石碑，呈现出的

第二章 其他大象形象

希腊元素,也出现在西亚艺术形式足迹所至……其中更重要的问题是,雷电作为印度神话中神灵们的特性之一,是受希腊的影响呢,还是以巴比伦-亚述神灵所用电闪雷鸣的光束为模板。在我看来,前者可能性最大,不过这一猜想目前并无证据证明。"我在这里倒需要着重强调的是,墨西哥的特拉洛克神所使用的武器也正是雷鸣和闪电,以及来自旧世界的斧子。

梅斯将军(General Maisey)在他所著《桑奇及其遗迹》[1]一书中有如下描述:"不论是作为毗湿奴和萨迦佛(Sakya Buddha)的鱼化身,还是作为摩伽罗、龙、鱼狮混合动物或者以其另一形式出现的海蛇娜迦,婆罗门教徒及佛教徒都使用这一符号,以及他们都常使用圣船,证明这两种宗教和更远古的埃及与亚述神话之间都存在联系"(59页)。他在(同一页)谈到以船作为摩伽罗的表现形式时,引用了坎宁安的观点,"该船等同于埃及神话中神圣的太阳船。"而佛陀也被比作船——中国佛陀本生故事中神圣的摩羯。

以龙或者娜迦蛇作为化身的摩伽罗形象,或许一定程度上造成了我之前谈到的象头神与蛇在美洲被混淆起来的现象。[2]

梅斯认为娜迦蛇是摩伽罗另一化身的观点并不是很准确。如果说这一神蛇在向远东及美洲传播的过程中,被混淆成了神性"鳄鱼",那么我们必须得明白,在印度,娜迦蛇〔德维瑟(de

---

[1] *Sanchi and its Remains*,London,1892.
[2] 参见*The Evolution of the Dragon*,Chap. II。

Visser）认为，这一神蛇是东方龙的真正原型〕明显与摩伽罗大不相同，因为摩伽罗最早的化身为一混合体兽，长着羚羊、山羊、鹿或者其他长角动物的头及上部，鱼的身体及尾巴。有可能发生的情况是，某些摩伽罗头部旁边出现的螺旋状装饰，很有可能仅仅为公羊化身的摩伽罗的角。对此可能性，我将在下一章节更全面地予以讨论。

另在作品的它处，梅斯表示，"婆罗门教的火神阿耆尼，也即最原始的三个吠陀神之一，类似埃及的神'纳姆'（Num）或'纳卜'（Nub），以水瓶和山羊为象征物，他的象征物成了印度占星术中'摩羯座'的星象符号，即通常所称的海山羊"（21页，note I）。

我引用梅斯的上述观点，并非因为他的观点多么准确或具有权威性，而是因为他涉及了本书讨论的有关信仰与象征物的起源与传播的某些要素，而其他学者对此多保持沉默。长着白羊头的苏美尔及巴比伦的神，据传起源于波斯湾，因而被认为是鱼而被赋予鱼的身体和尾巴，有观点认为他的原型是埃及长着白羊头的神埃利潘蒂尼神（Elephantine）。这一观点是有依据的。苏美尔文化的守护神据传可能坐白羊形船头的船来到此地，因而白羊形船头的船为其标志，巴比伦的山羊（摩羯鱼）即因该传说而来，为以混合体怪兽和船的形象出现的印度摩伽罗的原型。从摩伽罗的颚部冒出人的这一表现手法，是鱼成为巴比伦文化守护神依阿（或马杜克）的标志的另一时期符号象征体系的产物。那一时期的巴比伦文化守

第二章 其他大象形象

护神常常身披鱼鳞皮，其头部上面又生出鱼的头和腮。

阿耆尼神的神性与因陀罗神的神性之间出现了奇怪的混用，其中值得注意的是水瓶的使用，墨西哥及中美洲替代因陀罗的神特拉洛克和恰克（参见第16号插图）常与之联系在一起；另一混合的结果便是因陀罗的坐骑长了阿耆尼坐骑白羊的螺旋状的角（参见本书第三章的第28号插图）。

如何能准确地解释这些印度神话中的形象在传播到越过太平洋的遥远而陌生的国度后变成了什么模样，可以通过比较这些形象在同一时期往西传播到丹麦、斯堪的纳维亚及苏格兰后的"命运"。大家已经知道，印度的大象形象传到这些欧洲地区后，受"海象"化身的摩伽罗形象的影响，发生了变化。

"从铸于公元5和6世纪拜占庭风格的硬币可以看出，北方与早已信奉基督教的东罗马帝国之间开始有了新的交往，来自基督教地区带有基督教风格的物品得以流通到不信奉上帝的北方地区。"[1] 斯堪的纳维亚式的三神体系或圣父圣子圣灵体系中，雷神索尔（Thor）占据着主要地位；丹麦发现的铁器时代中期的黄金坠饰上，索尔神的标志物为两个卍字符，奥丁神（Odin）的为三曲臂，而太阳神弗雷（Frey）的则为十字符。古代高卢铸币上的三位一体神则以三个头连成一个头来体现，与柬埔寨浮雕中因陀罗神的

---

[1] J. J. A. Worsaae, *Danish Arts*（Victoria and Albert Museum Art Handbooks），1882, p. 46.

第19号　来自爪哇用摩伽罗形象表现的"荣光之脸"

Kirktimukha，或称"帝威之脸"*——爪哇的摩伽罗形象，其中象首和象的脸部的表现手法非常独特。（选自乔伊恩波尔的作品）。

坐骑大象的形象相同（参见第45号插图）。其他地方，尤其在匈牙利，"雷神有时站在身缠带饰的公牛背上（如美洲的特拉洛克和恰克），一手持锤，一手持闪电，头上还有鹰；有时，他则驱驰着两只雄山羊拉的战车（如北欧的索尔神一样），手持闪电"（同上。50页）。沃尔赛（Worsaae）还提到了一个坠饰，说上面的装饰为一条巨大的海蛇，"躺在环绕世界的海洋中，经历了索尔神挑起的激烈争斗"（51页）。

如果我在此大肆讨论这些神话之间如何相互紧密联系的意义，再对这些相互联系的点如何从罗马、希腊及印度神话演变而来的过

---

* 译者注：即中国的"饕餮"。

第二章 其他大象形象

程及细节大加讨论,那么我就太偏离主题了。我在此谈到古代欧洲最为边缘地区的神话传说——其渊源已为大家普遍认同,唯一的目的就是为了强调,前哥伦布美洲手抄本也通过绘画讲述了基本相同的故事,这些故事从许多方面来看,更准确无误地显示其源自印度。

这些密切联系在一起的神话故事在旧世界时就已极度混乱,到了新世界,显然变得更为扑朔迷离了。在旧世界的印度,各个神祇的神性如此广大无边,尤其是因陀罗、阿耆尼、苏里亚这三个神,以至于他们的神性变得互相交错重叠。而且到了美洲,迦尼萨的头演变成了因陀罗坐骑大象的头,有关他的故事也与因陀罗的混淆起来,因为在美洲,负重类动物不为人所知,因此雨神和雷电之神就不再骑大象了,而和迦尼萨一样,长了大象头,这因此一直让自冯·洪堡以来的民族学家们困惑不已。

我上文已经特别提到,美洲人(可能包括古代和现代的美洲人)误将大象视为金刚鹦鹉,但金刚鹦鹉并不是唯一被他们与大象混淆的鸟类。我通过第15号和16号插图再现的画,可能已经是美洲手抄本中最成功表现大象的了。和美洲其他表现大象形象的画一样,这两幅画中的大象变成了怪诞的夸张画,当我们看了该画如何似科潘石雕(参见第2号插图)一样表现大象"眼睛"时,就不会奇怪为什么大象被误认是长着垂肉的雄火鸡出现在画里了(参见第20号插图)。

当塞勒告诉我们"火鸡是代表雨神特拉洛克的鸟,雨神化身为

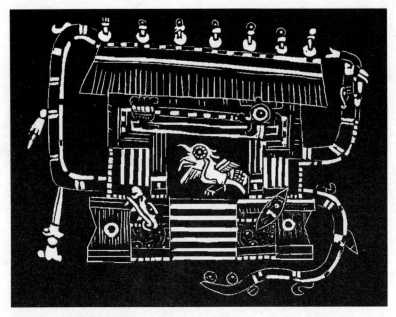

第20号　阿兹台克雨神画像
　　代表了大象演变成雄性火鸡的高度程式化的表现手法。雄火鸡在华盖下，显示其王者身份，这种象征手法常见于古埃及与巴比伦的图画。（梵蒂冈手抄本，选自塞勒的作品）。

鸟出现"[1]以及"火鸡因此象征着雨"时，上述解释在我看来再自然不过了。很显然，现代印第安人延续了他们祖先的这一误解，因为塞勒接着说，"值得注意的事实是，对普韦布泥印第安人（the Pueblo Indians）、祖尼人（the Zuni）以及霍皮人（the Hopi）来说，火鸡也有着同样的含义。"

　　其他古老的因陀罗传说也在现代美洲部落中传承下来。霍普金

---

[1] 梵蒂冈手抄本，75页。

第二章 其他大象形象

斯在他的《印度宗教》(The Religions of India)一书中，详细总结了易洛魁联盟（Five Nations of the Iroquois）的信仰与吠陀经书所讲五个部落的信仰之间不可思议的一致性，尽管他坚决否认前者自后者演变而来（161—165页）。在比较二者之间的相似之处时（对其重要意义，只有最顽固不化的人才会持怀疑态度），他表示："和印度人一样，易洛魁人相信大地被驮在海龟或乌龟背上，受日月的统治，太阳是善良的精灵而月亮则是邪恶的精灵。善良的太阳精灵阻止了月亮针对人类的险恶用心，而当大地因为怪兽青蛙用腋窝阻隔了所有的水而变得干涸，太阳刺穿怪兽的腋窝，让水流了出来，从而创造了河流（正如因陀罗放出被恶魔阻拦的水）"（163页）。分不清雨神和太阳的情况在印度和美洲都很普遍。在美洲，青蛙与雨的关系，同印度的蛇与雨的关系一样，[1] 这也是青蛙为什么在易洛魁神话中扮演那样的角色。

至此，我一直专辟章节致力于阐明这样的事实：有关因陀罗神复杂而独特的神话故事穿过太平洋传入美洲新世界后，在新世界完全不同的民族中生根并流行起来，而且毫无疑问，美洲新的环境让流传过来的故事发生了新的变化，增加了新的内容。

大家若因此而认为印度神系中只有因陀罗神的故事传到了美洲，就大错特错了。因为这种文化传播发生的时期，因陀罗神的故事与印度神话中多数主要神祇的故事完全交织在一起，因而

---

[1] 参考塞勒1910年的作品，83页。

055

大象与民族学家

第21号　柬埔寨摩伽罗像
　　展示似犀牛的角如何演变成大象的长鼻。（选自《法国远东学院学报》，"Bulletin de l'Ecole Francaise de Extreme Orient，1920"）。

因陀罗神的故事不可能完全脱离神系中其他神的故事独自传到美洲。

　　威尔弗里德·杰克逊（Wilfrid Jackson）先生提醒大家注意，[1]美洲沿用了印度神话中关于月神、神圣法螺以及一些其他方面的有趣传说。1813年，墨西哥、秘鲁宗教与印度宗教之间呈现

---

[1] *Shells as Evidence of the Migration of Early Culture.*

第二章 其他大象形象

第22号 在中美洲被称为"蛇"的动物头部
　　可能是大象化身的印度摩伽罗的程式化表现形式，蛇嘴里冒出的人像的形象也是如此。（选自莫兹利的作品）。

出的诸多相似之处,也给冯·洪堡留下了深刻的印象。在他看来,在美洲,蛇被砍成一段段的形象,就是印度神话中被毗湿奴化身为克里希纳(Krishna)所制伏的蛇卡利亚(Kaliya)的改编版。他还认为,墨西哥的太阳神托纳蒂乌(Tonatiuh)就是印度的克里希纳。

就美洲神话与印度神话在其他方面的比较,班克罗夫特在他的作品中做了概括总结(卷5,39—50页),读者可以参考。

第三章 摩伽罗

古代文明最独特的成就之一便是创造了许多虚构的混合体怪兽形象,而其中,龙最广为人知。龙不仅在神话传说中变化多端,有关龙的艺术形象亦千变万化。尽管旧世界各个地方出现的龙的形象都被当地的人们赋予一些独特的特征,但从各个地方的人们在艺术作品中精心设计的龙的动物特性以及流传的神话故事来看,我们可以很肯定地说,这些龙具有相同的祖先。因此,研究美洲的龙,在证明美洲新世界文明起源方面至为重要。

关于龙在几个古代文明的发源地演变的复杂历史,以及龙在世界如此广的范围内的传播历程,我已有专著[1]讨论,此处不再赘述;不过,我在作品中有特别提到一个美洲陶制的龙具有的一些很

---

[1] *The Evolution of the Dragon*,1919.

第23号 一系列印度和爪哇摩伽罗形象
　　该插图可以说明上颚程式化表现手法形成过程中不同阶段的形象，这些表现手法最终演变成了在美洲被称为蛇的艺术形象。

不一般的特征，[1] 或许称这个发现于洪都拉斯北部的陶器摩伽罗应该更准确。我作品中提到的这类龙的艺术形象及与之相关的神话传说，为文化传播论提供了确凿而具决定性意义的证据，因此我不得

---

[1] An American Dragon, *Man*, November, 1918, p. 161.

第三章 摩伽罗

第24号　迈索尔地区摩伽罗形象
该摩伽罗有着蛇形上颚。

不再提其中的某些方面。

我1918年在作品中写到的这个玛雅龙或者摩伽罗,为利物浦公共博物馆*收藏的为数不少的系列陶制器皿中的一件,托马斯·江恩(Thomas Gann)先生对其中的很多作品都做过描述。[1] 这类虚构的神话动物在东亚以各种各样的混合体动物形象出现,其中鳄鱼、

---

*　译者注:即利物浦博物馆。
[1] Mounds in Northern Honduras, *Nineteenth Annual Report, Bureau of American Ethnology*(1897–98), Part II, Washington, 1900, p. 661.

鲨鱼、龟或者老虎分别成为龙以相应动物类别出现时的主要组成部分。在日本，龙被称为"迩"（wani），有时以鲨鱼有时又以鳄鱼的形象出现；同样的龙形象在美拉尼西亚以及中美洲也很普遍。[1]在印度被称为摩伽罗的神鳄，是龙这一混合体怪兽最常见的形象。通过研究这种所谓的鳄鱼的历史，我们了解到，它最早的形象为长着白羊或山羊或羚羊或某种鹿的头，身体则为鱼身的混合体怪兽（即摩羯鱼）。在古巴比伦，这一怪兽既是马杜克的化身，也是他的坐骑，也是印度伐楼那及恒河女神（Ganga）的化身与坐骑。在印度尼西亚及日本，其文化英雄有时化身为龙（迩），或者身披龙皮（他的头从龙嘴里伸出来），又或者骑在龙背上。所有以上提到的这些不同形象都出现在了中美洲。[2]我在1918年提到的洪都拉斯陶罐，上面绘有长着鹿角及鹿斑点的神鳄，雨神的头从它的上下颚之间伸出。玛雅人称这一神鳄为麦克斯神（Imix）（阿兹台克人称为西佩克特利（Cipactli）。塞勒特别提到费耶瓦瑞·梅耶抄本（Codex Fejervary Mayer）*中鳄神西佩克特利作为特拉洛克神坐骑的形象，[3]恰如德维瑟所记录下来的日本及印度尼西亚传说中龙的形象，印度的伐楼那与古巴比伦的马杜克也是如此。

[1] 参考文献见 *The Evolution of the Dragon*，p.158，note 1。
[2] 塞勒刊于《人类学杂志》上的作品（Bd. 42, 1910, P. 31. Fig, 677）第35页特别有价值。该页是德累斯顿手抄本上一个神"鳄"的临摹画，表现的是印度尼西亚类的摩伽罗。画中的动物具有程式化的象鼻，一个人脸从上下颚间冒出来。
　* 译者注：现藏于利物浦博物馆。
[3] *Op. cit.*, p. 33, Fig. 670.

第三章　摩伽罗

玛雅人信奉的主要神话动物是一种似龙的怪兽,根据乔伊斯先生的描述,该怪兽"和墨西哥的西佩克特利这种动物特别像"[1],西佩克特利即阿兹台克人的神鳄。可以肯定,该神兽的确为虚构动物龙的形象之一,尽管其"过长的上颚",及上颚上的两个皮下斑,如科潘石雕所表现的一样,属于恰克的象鼻(比较第2号插图)。头部从龇咧的大嘴里伸出来的作品中的神,有些可以辨认出其表现的是恰克,因为科潘雕像在表现动物及其嘴里所衔的形象时使用的手法,为玛雅人表现同一神时惯用的手法,正如我在他处[2]讨论玛雅人的另一似鳄鱼的怪兽形象时所指出的,这就更进一步证实了上述说法。如果我们将亚洲虚构神话动物的象征意义与它们在美洲的同类进行比较,就更容易看出,让"鳄鱼"长个大象的头,包含了某种特别的意义。因为,墨西哥的西佩克特利(也就是玛雅人的麦克斯)不过是印度摩伽罗,或日本迩的变种;而新世界这些神兽完全可以如其在印度或日本的动物原型一样长着大象的头或鹿的角。也正如其在旧世界的原型一样,西佩克特利也可以被赋予蛇或者鱼的身体。乔伊斯先生提到,墨西哥的神话传说中,大地是用初始形态的西佩克特利创造的,不过西佩克特利这一神兽并不能因此而被称为"地神"。古巴比伦神话传说中,地是用提马特(Tiamat)被肢解的尸体创造出来的,然而,提马特这一神兽也并

---

[1] *Mexican Archeology*, p. 233.
[2] *Man*, 1918, p. 161.

不代表"地神"，而代表"深渊"。正如该事件在美索不达米亚标志着世界的诞生，西佩克特利在墨西哥神话中也代表第一天，即世界的诞生日。

当我在1918年提出新世界的神鳄即旧世界印度的摩伽罗——作为星象符号的印度羊-鱼混合体动物——的观点时，并没有意识到，冯·洪堡在一个世纪前已经证明它们具有同源性的事实。[1] 他描述（14页）说，墨西哥代表西佩克特利神的是个虚构的动物，其形象为鲸类动物（额头上长着一个角），蛾摩拉人（Gomora）和托尔可马达人（Rorquemada）因此把它当成独角鲸。[2] 不过冯·洪堡又适时指出，因为西佩克特利并不是真实的动物，所以其形象变来变去的，常见的形象则为鳄鱼，与印度占星术中的黄道第十宫的符号，即我们所说的摩羯座的符号相同。再者，他特别提醒人们注意西佩克特利的另一形象，其所谓类似独角鲸的角，由变长了的鼻子取代，这一形象在我看来好比印度象-鱼混合体化身的摩伽罗。墨西哥使用该形象，和印度人将摩伽罗与月球黄道宫（星宿，或"那克舍多罗"，Nakshatras）之一联系在一起具有相似性，冯·洪堡对此所作的比较，为西佩克特利等同于摩伽罗的事实真相提供了宝贵的证据，不容我们对前者实际上从后者演变

---

[1] *Vues des Cordillères et Monumens des Peuples indigènes de l'Amèrique*, Paris, 1813, I-II, p. 16. 冯·洪堡在谈到摩伽罗时使用的语句。他称摩伽罗为"印度人的摩羯"，认为是长着羚羊头的海中怪兽，是虚构的鱼类动物。

[2] 有关于鲸化身的摩伽罗的神话，*Proc. Internat. Congress of Americanists*, 1912, p.164。

第三章 摩伽罗

而来的事实再有质疑。

亨利·卡曾斯先生在他发表于《印度考古调查年度报告，1903—1904年》的文章中，收集了各种摩伽罗形象，还扼要介绍了摩伽罗在印度装饰中的运用。尽管他撰文之后又有了很多关于该主题的研究工作，我在此还是想引用一些他的陈述来展开讨论：

"建于中世纪的印度庙宇中，最常见的装饰形式之一，便是这种极其精雕细琢的传统摩伽罗形象，这一形象更常出现在位于卡纳拉地区（Kanarese districts）的查鲁奇亚王朝时期（Chalukyan）*的作品中……

"这里表现的摩伽罗，尾巴装饰华丽，是中世纪作品中该动物最通常的艺术表现形式，不过，也有其他不同形式的摩伽罗出现。该种摩伽罗形象可以在阿育王时期的古代作品直至更晚些的洞窟作品中找到。但早期似鱼的摩伽罗形象与晚期的形象迥异，如果不是因为早期形象在装饰细节上呈现的相同之处，我们或许很难看出二者之间存在联系。

"我们在古代印度装饰艺术中见到的动物，或多或少接近现实生活中的动物，也能辨认得出来，但该动物却是个例外。我们注意到，一种动物愈是稀少罕见，其艺术形象则愈是失真，艺术家在进行创作时无疑有更大发挥想象的空间。究其原因，毫无疑问是

---

* 译者注：即公元6—12世纪统治印度南部和中部大部分地区的王朝。

因为动物的珍稀性意味着人们很少见得到该动物，或完全不见其踪迹，因而艺术家很少或不能将其作为艺术创作时的模型……不论渊源，摩伽罗对于印度艺术家们而言，恰如龙对于欧洲艺术家一样——作为一种虚构的神兽，它具有一些通常的特点及普遍为人所接受的形象，至于说到细节，则完全凭艺术家们自由想象。譬如说狮子这一动物，就没有被驯化而且又和人类亲近的动物大象与公牛真实，所以我们在看到狮子的艺术作品时，很难区分作品表现的是狮子还是老虎……

"中世纪的摩伽罗究竟以什么动物为原型，很难确定。makara一词（'magar'或'mugger'）通常表示短吻鳄或鳄鱼，但我们从出现在艺术作品中的摩伽罗，很难看出它代表这两种动物中的任何一种。从摩诃菩提寺（Mahabodhi）、巴尔户特佛塔（Bharhut）及桑奇佛塔（Sanchi）表现的早期摩伽罗形象中，我们看到，摩伽罗为两足或四足动物，长着鱼的尾巴，鳄鱼的头和鼻子，还有松垂可扇动的大耳，而其中的一些形象中，身体部分为鱼鳞所覆盖。摩伽罗身体各部位中，尾巴的表现手法是最差的。很显然，艺术家本欲表现一条鳄鱼，但又对其尾巴部分拿不准，所以我们更多时候看到的尾巴是藏在泥里、水里……最接近这一中世摩伽罗形象的动物为犀牛和貘，犀牛是一种至今仍生活在印度的本土动物，至于貘是否也曾以印度为栖息地，我不敢贸然下定论。目前有貘生活且最临近印度的地方是苏门答腊岛和爪哇岛，那里的婆罗浮屠塔上也雕有摩伽罗的形象。

第三章　摩伽罗

"在一个遍地是大象的国度，不难理解为什么早期的摩伽罗有能缠卷的上颚，越变越长并最终演变成更长的象鼻……

"词典里是这么定义'摩伽罗'的：'一种海怪，常被混淆成鳄鱼、鲨鱼、海豚等动物（实际上完全是一种虚构出来的动物，被视为爱神迦摩提婆的旗徽）。'……'一种神话传说中的鱼或海怪'……'一种水上怪兽，通常被当作短吻鳄、鳄鱼、鲨鱼，但实际上是完全虚构的动物——被视作鱼时，据说可能为头上长角的鲸鱼，或独角鱼。'

"印度文献中有关摩伽罗的故事。

"摩伽罗被当作印度黄道宫一个星座的符号，即摩羯座的符号，也被视为代表耆那教的第九祖师伏驮密（Puspadanta）。爱神迦摩提婆的旗徽被称作摩伽罗幢（makaradhvaja，即摩羯幢）或者鱼幢（minadhvaja），mina表示'鱼'的意思；而水神伐楼那的坐骑也是摩伽罗。在雕刻精美绝伦的圣殿八大守护神中，伐楼罗骑着摩伽罗，司掌管西方的职责。另有一种与摩伽罗有关的形象，以神祇喜爱的造型出现在耳环上，叫makarakindalain，戴在二位一体神诃利诃罗（Harihara）左边的神外士那瓦（Vaisnava）的耳朵（左耳）；其右边的神湿婆的耳朵（右耳）所戴的耳环上有娜迦蛇的形象，被称为nagendrakundalam。这两个耳环分别是这二位神常佩戴的耳环。而每个河神有自己最喜爱的动物，恒河女神最喜爱的动物就是摩伽罗。"

阿克沙伊·库马尔·迈特拉（Akshay Kumar Maitra）先生

大象与民族学家

妙趣横生的旅行记《恒河女神》[1]收集了更晚一些有关摩伽罗的文献，尤其有关摩伽罗作为神祇坐骑方面的文献。

古代及中世纪印度和印度支那的雕刻艺术中出现的摩伽罗形象对我们试图解释美洲的相关表现手法帮助很大。以刻于公元6世纪的阿索里（Asoli）*摩伽罗雕像为例，它身披鱼鳞，还被赋予了大象的鼻子。这尊雕像与美洲的表现手法在多方面具有相似性。它眼睛周围成片的结节装饰，科潘石雕上出现了相似的图案；它头顶上叶片状的装饰，美洲也有非常接近的装饰；同样值得关注的相似之处还有从它嘴里冒出的人像，以及张开的嘴角下方的螺旋状装饰物（参见第1号插图）。

第21号插图中柬埔寨摩伽罗的鼻子似乎以犀牛角为模子塑造，但在表现手法程式化过程中，犀牛角似乎演变成了大象的鼻子。从另一来自迈索尔的摩伽罗形象，反映了这一神兽可以被装饰得极尽复杂华丽，而它的上颚尤其值得关注，因为从中可以看出美洲石碑上被称为"蛇"的上颚的独特表现形式即发端于此。如果我们承认玛雅艺术中蛇首程式化的表现形式是基于亚洲的摩伽罗形象，只是这一形象到了美洲后或许变成了大象或蛇，那么莫兹利、戈登、斯平登以及一些其他学者特别提醒我们注意的其特殊性，就不再显得那么特殊而难于理解了。

---

[1] *Rupam*, April, 1921, p.2.

* 译者注：位于印度马哈拉施特拉邦的一个村子。

第三章　摩伽罗

第25号　两个尾巴卷成螺旋状形状的早期印度摩伽罗像

　　上面一幅图中，张开的嘴角后面的手法很有趣，该手法在美洲科潘石雕大象的形象中被采用；画中长在鼻子上的一对奇怪的装饰物也别具一格，戈登特别提醒大家注意"美洲龙"中的该装饰。下面的图中，有意义的地方是上颚，代表上颚演变成象鼻前早期的样子。

　　我们不妨举个例子说明这种比较的价值所在。戈登博士[1]在讨论古代美洲艺术中他称为"蛇主题"的话题时，谈到"从鼻孔伸出来的两个像一对角一样奇怪的东西"令人捉摸不透，还补充说，"这些是（'蛇形象'的）重要特征，我们有必要记在心中。"实际上，印度摩伽罗（请特别注意第25号插图）的鼻孔附近有时也有一

---

[1] *Transactions of the Department of Archeology*, Free Museum of Science and Art, Philadelphia, Vol. I, 1905, p. 138.

大象与民族学家

第26号　来自英属洪都拉斯*的人像

　　现存于利物浦公共博物馆，表现的是以大象形象出现的神，大象被赋予了人的特征，还戴着蛇形头盔。

---

*　译者注：英属洪都拉斯即伯利兹的旧称。

第三章 摩伽罗

对角,如果将它与巴比伦原型作比较,就会发现这对角原来取代了羚羊的角。

巴特查亚教授(Professor B. C. Bhattacharya)非常重要的作品《印度画像》[1]中,有一尊坎格拉邦(Kangra State)雕像的图片,表现的是伐楼那骑在坐骑摩伽罗上。该雕像除了具有极高的艺术造诣外,另外的特别之处,便是所雕的摩伽罗了。虽然摩伽罗的鼻子不幸遭到严重损坏,但从遗留下来的残片仍然可以看出,该鼻子像是遵从象科动物的鼻子进行的创作,而且雕刻家为这个虚构的动物加上了挺大的弯曲成螺旋状的白羊角(参见第28号插图)。

《烈火往世书》(Agni-Purana)将伐楼那的坐骑描述成鳄鱼(也即摩伽罗),但到了《灵鱼往世书》(Matsya-Purana),该坐骑变成了鹿(《印度画像》,28页)。我上文业已提到的来自英属洪都拉斯、现藏于利物浦公共博物馆的美洲陶罐,该陶罐将这两种印度动物有关的理念结合到了一个形象中,出现了鳄鱼化身的摩伽罗但却长着鹿角和鹿斑点(参见第27号插图)。

联想到最早促使人类离开陆地迈向大海而又最终抵达美洲的主要动力,是为了寻找珍珠和珍珠贝,我们就不难认识美洲与伐楼那联系在一起的形象的全部意义了。因为伐楼那为水神及海洋之神,他戴着一串珍珠项链,手持海螺和莲花,而且根据巴特查亚教授的描述,他还同采珠渔民一样使用渔网或绳索。

---

[1] Indian Images,第1卷《婆罗门教神像》,The Brahmanic Iconography,1921,Plate XVIII。

第27号　鳄鱼化身的摩伽罗形的玛雅陶罐
鳄鱼长着鹿角和鹿斑点。（来自利物浦公共博物馆）。

"约拿事件"
(The Jonah Incident)

没有什么比美洲艺术中从似娜迦蛇或者摩伽罗的某种神兽张开的血盆大嘴吐出人像或神像的表现手法，更能突出展示美洲文化源于亚洲的事实了。对于旧世界神话中如此引人注目并因《圣经》中的约拿故事为世人耳熟能详的这一事件，斯平登博士在他题为《玛雅艺术研究》的作品中，居然想象成中美洲玛雅人的独创！在讨论到该神蛇形象成型的最后阶段人头被置于其张开的血盆大嘴中时，他甚至语出惊人，说"这一后来添加上去的表现手法或许为玛雅艺术最引人瞩目最具独创性的特点"（35页）。假如斯平登博士熟悉

第三章 摩伽罗

第28号　坐在摩伽罗上的伐楼那雕像
　　摩伽罗头部侧面长出了白羊螺旋状的角。（选自巴特查亚教授的《印度画像》，1921年）。

大象与民族学家

早期亚洲艺术中的符号象征体系,那么他就会发现,这一"约拿事件"并不能表示美洲艺术的"独创性"特征,相反,却恰恰成为证明东亚文化影响美洲文化最确凿的证据之一。

对于这一世界各神话体系大致都有讲述的事件,亚洲艺术是用什么方式表现的,我已在本书多处用图(参见第1、2及38号插图的说明)予以展示说明。若要一一罗列讲到该事件的文学作品和民俗,那么可能需要一部洋洋大观的专著。德维瑟教授一直认为中国和日本的龙源自印度娜迦蛇或海蛇,他强调,龙嘴里吐出人头的艺术创作题材源自印度,后来传到中国,又从中国传到朝鲜和日本。[1] 不过,同样确定的是,这一题材穿过太平洋,也传到了美洲,成为美洲"玛雅艺术特点"中虽非"独创"但却"最引人瞩目"的一点。

在本章[2] 引用过的我关于洪都拉斯陶罐的文章中,我提醒读者有一点值得关注:尽管东亚和美洲艺术对该事件的表现手法可能源自印度,但印度人的创作灵感却是从西方尤其是巴比伦获得的。巴比伦神话中,依阿神身披鱼鳞。不过,我写那篇文章的主要目的是为了强调,作为巴比伦人创造力和智慧结晶的鹿-鱼化身的怪兽形象,也出现在了美洲,正如它在印度、印度尼西亚及东亚的摩伽罗化身一样,扮演了类似神蛇的角色,为头部从其嘴里冒出的人

---

[1] M. W. de Visser, The Dragon in China and Japan, *Verhandelingen der Koninklijke Akademis van Wetenschappen te Amsterdam*, Afdeeling Letterkunde, Deel. XIII, No. 2, 1913, p. 142.
[2] "An American Dragon," *Man*, November, 1918, p. 161.

第三章 摩伽罗

第29号 位于门奇（Menche）的石门楣上所雕的形象

　　羽蛇头饰正面（额头的正上方）的大象形状值得注意。（选自莫兹利的作品，卷4，第93号插图）。

第30号 大象化身的印度早期摩伽罗形象之一

　　大象化身的印度早期摩伽罗形象之一（右图）以及来自柬埔寨崩密列寺（Temple of Melea）*。雕带的一部分，表现的是作为神祇坐骑的大象化身的摩伽罗。［选自德拉普特（Delaporte）的作品］。

---
* 译者注：即the Temple of Beng Melea。

075

或神提供了一件特别的外衣。如果我们知道亚洲发生了同样的事情，就不会对美洲娜迦蛇与摩伽罗角色的转换感到那么诧异了。事实上，在亚洲，并不难找到神话摩羯鱼或鳄鱼（摩伽罗）的上颚被附以显得不那么协调的蛇首的形象，而据称，这种鱼类混合体怪兽形象可能象征某一特定历史事件，即海船首次降临波斯湾的海面这一事件。我在其他作品[1]中解释了因为什么原因使苏美尔文化的"种子"主要可能由海员们带到了波斯湾源头，这些海员们乘坐的船的到来，在苏美尔人脑海里产生的印象，无疑恰似克里斯托弗·哥伦布率领的船队突然出现在加勒比岛民面前一样，这些文化的传播者和他们所乘的船一起被视为海上怪物，或者这些传播者被视为从这种"怪物"体内走出来的人。上文谈到相关话题时已经解释过，巴比伦人认为，文化神依阿来自波斯湾的水里，所以被描绘成鱼或者身披鱼鳞的人。这一信仰如此深入人心而经久不衰，以至当巴比伦人有关大洪水的故事传到印度时，印度人就将船等同于鱼了。船如同"象征阴间的子宫"，生命的种子被保存其内，用来创造新的世界。[2]

依阿神身披鱼鳞，象征他是来自大海的鱼；他虽然长着鱼的身体和尾巴，但他也以自己所属动物的形象（羚羊、鹿、白羊或山羊）出现。因此，身披鱼鳞的神的形象不过是这一混合体动物或摩

---

[1] Article *Anthropology*, in the *Encyclopedia Britannica*, 1922.
[2] William Simpson, *The Jonah Legend*, 1899, p.127.

第三章 摩伽罗

羯鱼的另一化身。到了印度，这一动物被视为鳄鱼，叫摩伽罗。这同一神话动物还出现在了东亚（即日本人的"迹"）和美洲（即阿兹台克人的西佩克特利）。

贝若苏（Berosus）对古巴比伦"鱼神"的描写得以留在亚历山大·波利西斯托（Alexander Polyhistor）存世的作品中。作品转述了巴比伦历史初期，厄立特里亚海出现了被赋予了理性的动物，叫欧恩斯（Oannes）。而根据阿波罗多鲁（Apollodorus）的描写，该动物的身体似鱼，但在鱼头的下方还有另一个头；不仅如此，该动物还长着人类才有的脚，并具有人类的表达能力，其声音也和人类一样；据传，他将文明带到了巴比伦。

传说（根据《灵鱼往世书》自身的记载），《灵鱼往世书》的天启（或真理）由鱼化身的神传授给马努（Manu）。《薄伽梵往世书》（*Bhagavata Parana*）中也记载毗湿奴化身为鱼，将天启传授给了马努〔马努在该往世书中名叫萨提伽罗多（Satgarrata）〕，又或者在大洪水后，将载着真理与知识的《吠陀经》交还给了马努。在毗湿奴化身为鱼的晚期形象中，毗湿奴和约拿一样，从鱼的嘴里走出来，一只手拿着神圣的经书。已过世的约翰·里斯爵士（Sir John Rhys）所作的"希伯特讲座"（Hibbert Lectures）中，讲到凯尔特人的"Eo Feasa"即"代表知识的鲑鱼"，据说，不论谁吃了这条鱼，都将获得全部知识，正如马努从他的鱼获得知识一样。该例子可以说明这类理念向西的传播。

将载着"文化英雄"的船等同于鱼，开启了神话传说中一系列意义深远的事件。船被活化为神的化身，而当山羊-鱼混合体动物或摩羯成为他的象征时，又开始出现了山羊或白羊形船首的船，以及摩伽罗船和龙船。而白羊形船首的船不仅常出现在古埃及的文字记录中或者印度的图画中，以及斯堪的纳维亚青铜时代早期的雕刻作品中，还依然保留到现代的东非。[1]

今天的婆罗洲以及马来群岛的许多地方，仍然保留着制作神鳄形船首的传统；有时，这些地方还将似猴的动物置于鳄鱼的两颚之间〔霍斯和麦克杜格尔合著的《婆罗洲的蒲甘部落》[2]〕。霍斯博士告诉我，在沙捞越（Sarawak）*，人死后尸体总是被放置在一条很长的船上运往墓地，据称是为了让尸体能顺利抵达死者的故土。

人们将鳄鱼雕刻在棺材、墓地或者放置棺材的底座上。有些部落还将棺材做成鳄鱼或娜迦蛇（龙）的形状。

部落首领死后可能被神化，并化身为鳄鱼。

对于居住在婆罗洲的人们来说，神鳄在他们日常活动的各个阶段都扮演最重要的角色，婆罗洲人把鳄鱼视为水神，所有赋予生命的仪式都与它密切相关。

出现在当今婆罗洲的高度程式化的摩伽罗形象，有时与狗混淆不清，或者被错当成狗出现。

---

[1] G. Elliot Smith, *The Ancient Egyptians*, 2nd Edn., 1923, p. 197.
[2] Hose and McDougall, *The Pagan Tribes of Borneo*, vol. II, p. 238.
* 译者注：马来西亚的一个邦。

第三章　摩伽罗

天　狗
(The Celestial Dog)

玛雅手抄本中狗是经常出现的神话动物之一，它出现的时候常常从天上往下悬挂着，前爪抓着闪电或形象程式化了的雷电作战器。保罗·谢尔哈斯博士称它为代表闪电的怪兽，并说它"属于掌管死亡的神"[1]。我在此提狗的这一有趣的象征意义，有两个原因：其一，这一符号象征很显然来自旧世界天狗的概念，尤其中国古代文学作品所描述的天狗的变种，德维瑟教授关于日本天狗的著作[2]中搜集了这些中国的相关文献〔其中的主要部分来自德格鲁特（de Groot）的作品〕；其二，德累斯顿手抄本中所画的B号雨神手抓这条天狗的尾巴，这一形象表明大象和旧世界的狗有着密切联系。美洲的绘画中，天狗自天而降，携带燃烧的雷电作为武器，而中国古代文学作品中，天狗自天而降时，成熊熊燃烧的火焰状，还有雷电相伴。前者据说"属于掌管死亡的神"（谢尔哈斯）而后者则"与战争和死亡有关联"（德维瑟）。事实上，远东的传说中天狗被形容成彗星，表示不吉利，与西欧有关狗的传说相同。

公元后最初的几个世纪，天狗的传说同时在中国和洪都拉斯广为流传。我不得不提，同样的天狗故事流传于中国和美洲前

---

[1] Representation of Deities of the Maya Manuscripts, *Papers of the Peabody Museum of American Archeology and Ethnology*, Harvard University, Vol. IV, No. 1, 1904, p.43.
[2] *Transactions of the Asiatic Society of Japan*, Vol. XXXVI, Part II, 1908, pp. 25–28.

的两千多年，古埃及出现了形象为狗的神，这一神即便不叫"死神"，也和"死神"紧密联系在一起。[1] "该神从天而降，被遣来用香料将奥西里斯（Osiris）的尸体制作成木乃伊"〔布雷斯特德（Breasted）引自中王国时期的棺材铭文〕。关于该铭文代表的意思，布雷斯特德教授表示，奥西里斯死时，"太阳神心生怜悯，就派遣了亡灵之神与冥界之王阿努比斯（Anubis）。阿努比斯神是太阳神拉（Re）的第四个儿子，住在中天中，受到西方人（即亡者）的膜拜。"（同上。27页）

鉴于阿努比斯神与木乃伊制作如此密切的联系，我们再来看看德格鲁特记录下来的天狗自天而降，天子取人肝喂天狗的早期中国神话故事，难道不会觉得很有意思？[2]

我在此特别提醒读者注意埃及长着狗头*的神与奥西里斯之间的密切关系，是因为后者是美洲象头神真正的原型。

不过，有理由相信，长着长鼻子的日本天狗，最早是只鹰或者是代表迦楼罗（Garuda）**的风筝，后来又与象头神迦尼萨及天狗混淆起来了——总而言之，一连串具有特殊象征意义的动物化身，出现了出人意料的混淆，最终成就了美洲玛雅人的符号象征体系。

---

[1] 如布雷斯特德教授在其作品中宣称。*Religion and Thought in Ancient Egypt*，1912，p. 27。

[2] 参阅德维瑟作品。同上书，27页。

* 译者注：即胡狼头。

** 译者注：即大鹏金翅鸟。

第四章 螺旋状装饰

托泽教授和斯平登博士论及科潘"B号石碑"顶部角上的雕刻究竟表现的是什么动物时指出,"眼睛"下面的螺旋状装饰是让他们认定所雕动物为金刚鹦鹉的主要要素。既然螺旋状装饰如此重要,我们不能不对此进行进一步探究。为了确保我在介绍他们的观点时不失偏颇,我在此复制了斯平登博士提出以上观点时用到的三幅雕像(参见第31号插图)。其中最上面的一幅a是"B号石碑"上的象形文字;编号b的雕像来自科潘的一座石碑,表现的动物确定无疑是金刚鹦鹉;编号c的雕像为"B号石碑"上所雕的四个大象中雕刻最失真而且毁损最严重的一个,对于莫兹利先生临摹的B号石碑这四幅画,我在本书的前言部分提供了复制品。这两位美国民族学家宣称,雕刻者在编号b与c的雕像中希望表现的是同一动物,而b号明显是金刚鹦鹉,所以他们认为c号也一定是这种鸟。至于为什么手艺精湛的工匠能如此逼真地表现b号雕像中的金刚鹦鹉,却偏偏雕刻

081

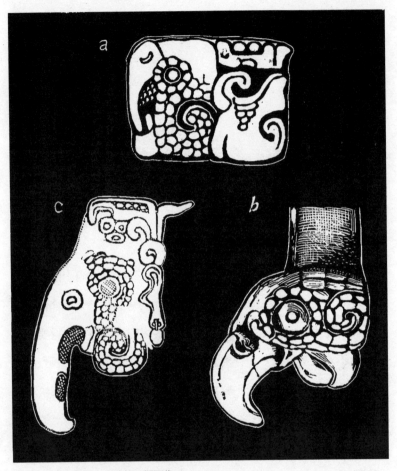

第31号 斯平登博士所选的三幅画像

意在说明科潘雕刻的象头（c号画）实际表现的是金刚鹦鹉的头（b号画）。
(a) 来自"B号石碑"的大象象形文字，据称代表金刚鹦鹉。
(b) 真正的蓝色金刚鹦鹉，雕刻在科潘的一块石碑上。
(c) "B号石碑"所雕刻的四个大象形象中雕刻最粗糙的一个。

第四章 螺旋状装饰

第32号 科潘D号石碑上的雕像

　　为同一工匠所刻,一幅代表真正的金刚鹦鹉,一幅代表大象(或被称为准金刚鹦鹉像)。选这两幅画的目的,是为了展现它们在表现手法上的不同。(选自莫兹利的作品)。

了c号中丑陋夸张的金刚鹦鹉形象，他们二位不曾试图予以说明。为了让大家多少了解玛雅工匠是如何表现金刚鹦鹉和大象的，我还复制了D号石碑上这两个动物的雕像（选自莫兹利的画册），编为本书第32号插图。这两个可能出自同一工匠之手的雕像，非常清楚地说明，工匠并没有混淆金刚鹦鹉这种他所熟悉的鸟和大象这种他所不熟悉的哺乳动物。

不过，阿尔弗雷德·托泽教授和赫伯特·斯平登博士坚持认为，古代玛雅工匠在雕刻科潘"B号石碑"的顶部时，的确是为了表现蓝色金刚鹦鹉，用托泽教授的话说，他们持该观点所依据的是"眼睛下面的装饰性卷形纹"[1]。同一期的《自然》杂志上，斯平登博士使用了本书第31号插图复制的那些画，并表示，"眼睛下面的螺旋状装饰"不仅仅是支撑他观点的一个理由，而且是他认定"B号石碑"顶部角上动物为金刚鹦鹉的主要原因。尽管他承认该螺旋纹"旋转的方向相反"（比较第31号插图中b与c号画），他依然坚持上述观点。他或许也应该提一提另一个重大的出入，即在真的金刚鹦鹉雕像中，螺旋纹出现在眼睛后面，而在大象雕像中则出现在"眼睛"下面。亚洲大象及大象化身的摩伽罗的程式化形象中，常出现螺旋纹装饰，而且旋转的方向及所在的位置与科潘石雕一致，只可惜，这些美国民族学家中没有一位参考该事实。当然，如果他们承认该事实，他们的"金刚鹦鹉"观点就会完全失去说服

---

[1] *Nature*, January 27th, 1916, p.592.

第四章 螺旋状装饰

力，而且拿第31号插图中b与c号雕像进行比较也会变得没有多少价值。[1]

莫兹利博士所持则是另一派观点。他提到该石碑主要人物雕像的头饰"极像象夫的头饰"，而且声称他在象夫上方发现了"一张没有下颚的丑陋的脸"；此外，他还认为螺旋状装饰代表"弯曲的大牙齿，而且这个戴头饰的头以及与石碑顶部角上所雕大象头有些相似的那些头都有这种牙齿"（卷1，42页）。即便莫兹利博士的说法确有事实依据——我必须得承认，我实在难以看出该雕像上有"一张没有下颚的丑陋的脸"——却不会削弱反而会极大增强该表现手法作为文化传播证据的民族学意义，因为和玛雅工匠们取得这些成就同时期建起来的一些爪哇建筑中，较为流行的装饰之一便是kirtimukha，或称"荣光之脸"，这种装饰同玛雅艺术一样，表现的是一张没有下颚的丑陋的脸。《拉帕姆》杂志（1910年1月刊）刊登过讲述某个著名的印度神话中关于这一象征符号来历的文章，可能为杂志编辑沃德亨德拉·甘古利所撰写。克罗姆博士在他最近出版的专著[2]中复制了一幅爪哇婆罗浮屠上的象头神迦尼萨石像的背面雕刻，从中可以看到这张"荣光之脸"（爪哇人称之为Banaspati，或"森林精灵"）长着和科潘石碑上的螺旋纹形式完全

---

[1] 在所有讨论中，还不曾有学者尝试解释为什么中美洲艺术中的金刚鹦鹉被赋予宗教性或神话性。有趣的是，金刚鹦鹉出现在美洲雕像前不长的时间内，鹦鹉也成了印度符号象征体系的一部分，这二者可能有关联。

[2] *Inleiding tot de Hindoe-Javanasche Kunst.* 1923.

一样的长牙。

　　大多数就科潘石碑雕刻发表过观点的学者都将螺旋纹装饰与该石碑角上所雕刻的动物（即大象）而不是该石碑中间所雕的动物联系在一起。斯平登和托泽认定该石碑所雕为金刚鹦鹉的头，而不是大象的头，因为有该螺旋纹装饰。斯平登以及那些同样以此为依据的学者忽略了这样的事实，即金刚鹦鹉身上的螺旋状装饰从何而来；而据他们推测，金刚鹦鹉形象中的该装饰手法也被借用到大象形象中。虽然他们认为一种动物的表现手法借用了另一种动物的表现手法的观点可能没错，但我们如何解释它的最初出处，以及该表现手法在两个雕像中为什么不同？托泽和斯平登如此重视该螺旋状装饰，可惜未能认识到该装饰最早属于大象形象的一部分（参见第2号插图），而且是作为大象的整体艺术形象的一部分从亚洲传播到美洲的。螺旋状装饰作为证据不仅不能支持他们的观点，反而对他们观点的说服力造成了致命的打击。事实是，大象形象上的螺旋状装饰非但不是借用自金刚鹦鹉，相反，可能一定程度上影响了金刚鹦鹉程式化表现手法的形成（参见第31号插图）。生活在大自然的蓝色金刚鹦鹉这一动物，位于其颈部侧面的斑点，可能决定了雕像中镰刀状纹饰的最终位置及形式，因为当玛雅工匠发现来自异乡面容丑陋的"金刚鹦鹉"（古代玛雅工匠可能和他们的现代后裔一样，没有分清这两种动物）具有螺旋纹装饰时，他就将金刚鹦鹉镰刀状的纹饰变成了螺旋状装饰。当然，这仅仅是我的推测。不过，可以确定的是，当大象形象从亚洲传到美洲时，大象具有的这种人为添

第四章 螺旋状装饰

第33号A 苏格兰大象形象
时间为公元后初期。〔选自约翰·斯图亚特（John Stuart）的作品〕。

B 大象与城堡
选自英国中世纪动物寓言集。大象似鸭子形状的头值得注意。〔选自德鲁斯（Druce）的作品〕。

大象与民族学家

第34号　大象与曼陀罗
选自英国中世纪动物寓言集。（选自德鲁斯的作品）。

加的螺旋状装饰也传到了美洲。

这种螺旋状装饰的运用，尤其在表现大象时，遍及旧世界的许多地方，我在《自然》杂志（1916年1月27日刊，593页，594页）对此已有论述。人们从苏格兰和斯堪的纳维亚半岛所发现的，创作于公元前（铁器时代中期）以及公元后初期的印度大象的简单勾勒画中，也有螺旋状纹饰，绝非仅仅巧合。

7年前，我在《自然》杂志（1916年2月24日刊）撰文讨论这些苏格兰画，还谈到它们可以作为间接证据，用以解决中美洲文化起源的争论。因为关于这些苏格兰大象画意义方面的讨论，和一个世

第四章　螺旋状装饰

纪以来对美洲文化中大象形象旷日持久的争论如出一辙。

两种情况中，所有早期学者以及我们同时代的那些并不声称自己在民族学领域具有特别洞察力的学者，都同意雕像表现的是大象形象，但那些"现代卫道士们"坚持按他们独特的思维以更深奥晦涩的方式解读这些雕像。那些美洲的民族学家们对雕像表现的究竟是貘、乌龟还是金刚鹦鹉争论不休。对于来自苏格兰及斯堪的纳维亚的画，学者们则长期争论它们究竟代表的是海象、马来熊还是跃起的狮子！[1]

斯博汀俱乐部（the Spalding Club）在1856和1867年以《苏格兰石雕》（*The Sculptured Stones of Scotland*）为专题出版了两本不同凡响的作品，学识渊博的主编约翰·斯图亚特先生，充分运用他丰富的知识和常识，尝试通过作品解答石雕中的大象引发的争论。在我看来，他的努力替我们彻底解决了这一旷日持久的争论。对那些石雕表现的动物是印度大象这一点，他没有丝毫怀疑，并且认为，与大象有关的知识"由希腊人在亚历山大大帝向东远征至印度时期，带回了欧洲"。[2]

"我们在审视苏格兰石雕上的大象时，不能以该雕像表现的动物是否像这一动物真实的模样来看，只能把它视为艺术表现时使用的程式化手法；而石雕中大象一成不变的表现手法表明，工匠们在

---

[1] 对于相关争论，读者可以参考哈顿（Haddon）所著《艺术的演变》（*Evolution in Art*, p. 194）；南埃斯克河伯爵（the Earl of Southesk）所著《皮克特族象征符号的起源》（*Origin of Pictish Symbolism*, 1893）；以及希尔德布南（Hildebrand）所著《斯堪的纳维亚的工业艺术》（*Industrial Arts of Scandinavia*, 1882）。

[2] *The Sculptured Stones of Scotland*, Vol.II, pp.xi and xii.

创作时,并不熟悉该动物,无法按该动物传统的形象来创作……他们实际上是在依照特定的模式复制该动物形象"(xii页)。他进一步补充说,大象石雕上出现的螺旋状装饰,并未出现在表现其他动物的作品中。在我看来,这些装饰源自印度海象类化身的"摩伽罗"形象。

自然,有关这些石雕大象的著作还非常之多,既有严肃的争论,也有现代人的炒作。其中,我唯一想提及的另一作品是乔治·达森特爵士(Sir George Dacent)翻译的挪威童话故事中的一个片段:"一个年老的女巫用她的鼻子从井里汲水,她的鼻子可真长啊。"

对于夏利华神父[1]讲述的美洲"大麋鹿"的故事,你可能和爱德华·泰勒爵士(《人类的早期历史》Early History of Mankind)一样,作出同样的评价:"除非亲眼见过真的大象,否则很难想象大麋鹿这样的故事会流传。"

约翰·斯图亚特先生用来解释苏格兰大象形象形成的文化传播模式,无疑也适用于美洲。将象头神迦尼萨制作成护身符的做法遍及今天的印度,而且,在历史上文化穿越太平洋向东传播的时期,也曾风行于印度、柬埔寨及印度尼西亚。那时期,东亚制作了大量便于携带的象头模型,它们中的一些被带到了美洲,这就可以解释美洲早期的艺术家们为什么能如此精确地表现一种他们显然从未见过的动物了。

---

[1] *History of New France*, 1744, Vol V. p. 187.

第四章 螺旋状装饰

第35号 早期（公元前100年）作为神的坐骑出现的印度摩伽罗形象

第36号　嘴里分别出现了一个人和一条鱼的两个早期印度摩伽罗形象

那么，大象的形象为什么会出现螺旋状装饰呢？回答这个问题对我本书讨论的主题事关重大，而原因则何止一个。螺旋状象征符号的形成以及如何与大象密切联系在一起，许多因素发挥了作用。

首先，一个不容忽视的因素是，大象象征符号的演变形成过程中——尤其在它传播最广泛的特殊表现形式形成过程中——印度神性"鳄鱼"或摩伽罗的影响显著，而且白羊的角演变成了大象形象

第四章 螺旋状装饰

中的螺旋状装饰。第28号插图为我们提供了这种极好的例子，画中的摩伽罗以伐楼那神的坐骑形象出现，这一印度神与玛雅神恰克以及阿兹台克神特拉洛克存在某些相似之处。其他许多因素也可能造成螺旋状装饰与大象化身的摩伽罗联系在了一起，并影响了该象征符号的形成。早期的摩伽罗形象中，其尾巴，有时甚或整个身体为螺旋形（第17、25、35及36号插图）。有些摩伽罗繁复夸张的头部装饰中，在其嘴巴后面的咽部，或颈部或肩部某处，含有螺旋状装饰（参见第1和18号插图），这类形象并不少见，第19和42号插图中大象化身的摩伽罗尤其是代表这类形象的典型例子。对于这一类的螺旋状装饰，以及看似借用了蛇舌头传统形象的表现形式，我们看不出它们被赋予了什么特别重要的意义。但是，其他类的螺旋状装饰则寓意深刻。这类有特别含义的装饰在旧世界的广袤大地，是象征雷电或雷电之神的特殊符号。该象征手法的出现，最早应与埃及人将阿蒙神（Amen或Ammon）——即头上长着螺旋状角的神兽公羊（或称白羊）——视为雷电有关。至于后来为什么白羊螺旋状的角开始代表阿蒙神以及雷电，库克先生（A. B. Cook）在他的不朽专著《宙斯》[1]中就大多数证据都做了充分论证，而我的另一作品《龙的演变》[2]对可能致使螺旋状装饰代表雷电的其他因素（如章鱼和贝壳的影响）也作过论述，所以就不再展开讨论了。

---

[1]　*Zeus*，pp. 346. 以下引文同。
[2]　98页，177—178页。

库克先生搜集的证据显示，阿蒙神的螺旋状角对螺旋状符号象征意义的形成产生了显著影响。如果联想到美洲的神中只有雷电之神才长着象头，那么了解大象是如何与螺旋状装饰联系在一起的来龙去脉就变得尤为重要了。在《龙的演变》[1]一书中，我初步尝试以这一视角解释美洲的大象身上出现的螺旋纹。1921年5月，我在"剑桥人类学俱乐部"演讲时，再次涉足此话题，并尝试解释大象形象如何借用了阿蒙神的螺旋状角。我提醒大家注意，东亚与美洲的神或祭司戴象头头饰，如硬币上的德米特里一世一样；我还提到亚历山大大帝也有头戴阿蒙神的角的形象，并提出，这两个题材的结合，可能导致代表雷电之神的螺旋状装饰用在了大象形象中。在我作出这种推测时并不知道，历史上的铸币者们在设计硬币时，实际就是这么做的。听我演讲的听众中，有剑桥大学皇后学院的查尔斯·塞尔特曼（Charles T. Seltman）先生，他事后来信向我提供了我之前尚不知道的信息。"我想到，"他在信中说：

　　"对希腊古钱币的研究，或许可以进一步揭开大象头与白羊角如何结合在了一起。

　　"我向库克先生提到我的想法，他建议我写信给您。

　　"公元前331/前332年，亚历山大大帝前往位于西瓦绿洲（Oasis of Siwah）的阿蒙神庙参拜，神庙祭司们称颂他是'阿蒙之子'。公元前326年，他穿过印度河，征服印度。

---

[1]　1919, p. 178.

第四章 螺旋状装饰

"公元前323年,亚历山大大帝死后不久,作为埃及总督的托勒密一世开始铸造亚历山大大帝头像的硬币,硬币中被神化了的亚历山大的头像集希腊、埃及与印度代表天的神灵的象征物于一身:宙斯的盾缠绕着他的脖子,他的太阳穴处长出阿蒙神的羊角,而印度大象(小耳型)的头则成为他头上戴的头盔(比较第14、37及38号插图)。

这种造型在当时铸造的第一枚硬币上表现得最清楚,[1]随后铸造的其中一些硬币上也很清楚。[2]

"从这些钱币来看,象头与羊角的结合似乎可以追溯到公元前323年,据此也可以看出亚历山大大帝的间接影响波及的地方远达美洲。

"印度–巴克特里亚国王时期的硬币上,国王头戴象征皇位的大象头头盔(不带羊角装饰):大约公元前170年的德米特里一世头像[3]与大约公元前150年的莱西阿斯头像[4]。大象与白羊相结合的形象的使用,似乎始自托勒密一世时期铸造的大量钱币。"

我一度认为,古钱币反映的上述情况可以解释印度的大象形象如何加入了螺旋纹装饰。但印度的摩伽罗,常常有象鼻子,有时又长着白羊角,或者偶尔二者又同时出现在同一雕像中(参见第

---

[1] 大英博物馆馆藏目录,埃及托勒密王朝,1883,Plate I, No. 1。
[2] 同上。Plate I, 6。
[3] 大英博物馆馆藏目录,印度古钱币—希腊和西徐亚国王,P. II, 9—12。
[4] 同上。P. VIII, 6。

第37号　古代希腊钱币（A）
　　钱币上的人头像戴着象头头盔，或者装饰有阿蒙神的羊角。有的地方还同时使用了这两种造型（如第40号插图所示）。（选自《大英博物馆馆藏古钱币目录》）。

第38号　古代希腊钱币（B）

28号插图），这一现象似乎为我们找出问题的真正解决之道提供了线索。印度各主神之间的同化，可能导致某种神兽同时长有因陀罗坐骑大象的头、阿耆尼坐骑白羊的螺旋状角，还可能有代表苏摩（Soma）的羚羊或鹿的角。不论螺旋纹的使用最初是怎么形成的，

第四章 螺旋状装饰

但我们知道,螺旋纹常常出现在东亚多种动物的形象中,而在中国,螺旋纹的出现更早至汉朝。[1]

即使我们能证明,摩伽罗形象中的螺旋纹装饰最初来自一种羊鱼混合的神兽,我们也不能排除的可能性是:托勒密一世时期的硬币让螺旋纹与大象形象之间的特别联系(60年前约翰·斯图亚特就注意到了这一点)固化,并向西传至苏格兰,向东传至中美洲。

此处的第39号插图展示了美洲的神或祭司头戴佛里吉亚人(Phrygian)的帽子,帽子侧面饰有螺旋纹。

我在讨论埃及法老图坦卡蒙墓中发现[2]的长椅时强调,这些墓葬品所表达的符号象征意义非常深远。墓中发现的狮头榻被认为可以将国王的尸体运往天国并使其获得神才有的不朽,所以成了决定神具有神性的常用的象征物。美洲也有许多表达这种信仰的例子。我此处列举的,是一张两端各有个狮头的长椅,上面的神以印度神的姿势坐在凳子上,他头戴佛里吉亚帽子,帽子侧面饰有阿蒙神特有的螺旋状角。该长椅的形状让人想到弗拉维乌斯·克莱门提努斯(Flavius Clementinus,于公元513年任君士坦丁堡的执政官)时期绘于双连板上的君王椅,现存列在利物浦公共博物馆。

我在此介绍这幅美洲的画,不仅仅因为该画如此突出地在一件

---

[1] 譬如,大家可以参考劳费尔(Laufer)的专著《玉》(*Jade*), Chicago Field Museum of Natural History, 1912, p.xliii.

[2] *Tutankhamen and the Discovery of his Tomb*, 1923, chapter vii.

第39号　坐在两端各有一狮头的长椅上的美洲（玛雅）神

注意神的头上所戴佛里吉亚帽子侧面的螺旋纹装饰。〔选自《艺术与考古》(Art and Archeology)，卷4，1920年〕。

第四章 螺旋状装饰

作品中集中体现旧世界多种文化对新世界的影响，更特别的，是画中螺旋纹的表现手法为我上文的推测提供了一些进一步的支持。

美洲出现的狮头长椅以及各种各样作为神祇坐骑的摩伽罗——这些美洲神祇是旧世界神祇的同类，也使用和旧世界相同的动物作为坐骑，为文化传播理论提供了有力的证明。

神灵的动物坐骑

麦克唐纳（A. A. Macdonell）教授在他的作品《印度神像的历史》[1]中指出，"即使晚至《百道梵书》（*Brhaddevata*）这一作品，也秉承《梨俱吠陀》中的神灵由所使用的武器（即ayudha）或所乘坐骑（即vahana）来代表和识别的传统。"（12页）不过，这并不意味着这类神灵形象在公元前400年即已成型，"直至公元1世纪，印度神灵还完全是人的形象"（13页）。特别值得注意的是，"临近公元1世纪晚期，拥有四个胳膊的神灵形象开始出现在硬币上，到公元200年前才定型"（13页）。"不过，目前知道的最早的湿婆雕像（公元458年）仍然只有两只胳膊"（15页）。"坐骑既是神性的标志，又代表神灵的形象"（14页），因陀罗的坐骑为大象，苏里亚的为七匹拉战车的马，恒河女神的为鳄鱼（即摩伽罗），亚穆纳河神（Yamuna）的是乌龟（即神龟库尔马，kurma），拉克

---

[1] *The History of Hindu Iconography*, *Rupam*, October, 1920.

西米女神（Laksmi）则由两只白象伴随，以上这些神都只有两只胳膊。"印度雕像中使用坐骑来代表不同神灵的身份，并非新事物，这一理念可以追溯到《梨俱吠陀》时期。里面的神灵所乘的战车，虽然大多由马拉，但也常由其他动物拉着，如马尔殊神（Maruts）的车由羚羊拉着，而布咸神（Pusan）的则由羊牵着"（14页）。"新出现（后吠陀时期）的代表神性的坐骑有因陀罗的大象及湿婆的公牛（南迪，nandi），早至公元1世纪，湿婆的公牛出现在一枚硬币上，其身旁为湿婆的化身"（14页）。

"另一种区分神灵的方法是通过使用的武器。譬如，因陀罗使用的武器为金刚杵（vajra），毗湿奴的为神盘（cakra），而湿婆的为三叉戟（trisula）。湿婆手持三叉戟的形象，出现在公元1世纪的硬币上"（14页）。

那些已确定为印度同类的美洲神灵，所拥有的与印度同类使用的相对应的坐骑及武器，也出现在古代美洲的手抄本中。

不过，古代美洲手抄本中的神灵的动物坐骑还以其他形式出现，而它们的原型在今天的婆罗洲依然可以见到。上文已经谈到婆罗洲水神鳄鱼的形象特征，以及鳄鱼（摩伽罗）形状的船与棺材被用来将死者的灵魂送往天国。

霍斯博士向我讲述婆罗洲将凳子做成鳄鱼形状的习俗，说是这些凳子一方面用来为死者支撑棺材，以便棺材能顺利将死者送达故土；另一方面也用作活着的人的座椅，以保护他们免受危险的侵袭。从这些印度尼西亚人的信仰，我们可以看出鳄鱼象征符

第四章　螺旋状装饰

号在他们心中的重要性,也让我们明白了为什么与鳄鱼相关的习俗传播到了美拉尼西亚以及大洋洲的其他地方。而玛雅和阿兹台克神话中鳄鱼有着显著地位,以及厄瓜多尔和其他地方使用动物形状的椅子(即metates),无疑都是印度尼西亚文化影响美洲文化的结果。

带翼的圆盘

我在本章节前面部分已经谈到过印度"帝威之脸",或称"荣光之脸"的艺术表现手法对玛雅建筑的影响。美洲古代建筑惯于使用眼睛突出、没有下巴的怪脸形象,可能是采用了亚洲的艺术传统,因为当玛雅建筑师们活跃在中美洲的时期,"荣光之脸"的表现手法也广泛盛行于爪哇及印度支那。

美洲建筑入口的门楣上使用印度"帝威之脸"表现手法以及埃及带翼圆盘时的相似之处,让人怀疑前者未受到后者影响的问题。我提出这一疑问,并不是想在此进行深入讨论,而只是提议,美洲艺术中的带翼圆盘及多种变化了的形象,是从他处传播到美洲的,[1] 在传播过程中,带翼圆盘的样子被颠倒过来了(对比第40号插图中的两图)。美洲带翼圆盘中翅膀的表现手法,以及莫兹利、

---

[1] 我在其他作品中也提出过相同的观点。*The Influence of Ancient Egyptian Civilisation in the East and in America*(Manchester,1916)。

大象与民族学家

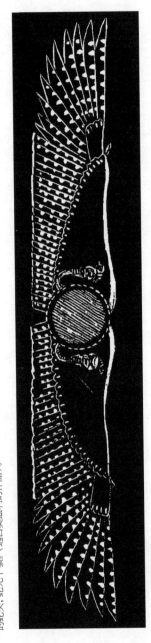

第40号 带翼圆盘

出现在蒂卡尔一座神庙的门楣上的形象。表现的是美洲式的带翼圆盘,中间为鸟头状的怪脸,两侧各有翅膀,还有具有高度程式化表现手法:颠倒过来的蛇头,蛇无下颚。(选自莫兹利的作品)。

为了便于与上图作比较,该画展现的是倒倒过来的埃及式的反带翼圆盘。图特摩斯一世(Thothmes Ⅰ)陵墓陪葬品,选自纳维尔(Naville)所著《德尔巴赫里神庙》,"The Temple of Deir el Bahari," Part 1, Plate 9。[1]

[1]

第四章 螺旋状装饰

第41号 科潘神坛上的形象

斯平登称之为双首龙。真正的头位于左侧,其表现手法非常有意思,上颚不仅具有东亚大象化身的摩伽罗的特点,还有用交叉线画的两个斑,分别代表具科潘特色的大象表皮和长牙。从该摩伽罗嘴里冒出一个人头。如果将该画与带翼圆盘(第40号插图所示)及"荣光之脸"(第42号插图所示)作比较,我们可以推测出该画的灵感源自何处。(选自莫兹利的作品)

103

第42号　来自一座爪哇神庙的"荣光之脸"形象

　　两侧还连着摩伽罗装饰（选自《拉帕姆》，1920年）。可能为变化了的带翼圆盘形象。

第43号　装饰在一座爪哇神庙门口的"荣光之脸"

　　两侧连着摩伽罗装饰。（选自《拉帕姆》，1920年）。

第四章 螺旋状装饰

第44号 美洲的"羽蛇"神形象
　　根据其头部的表现手法推测,代表最为独特的大象化身的摩伽罗形象类别。

第45号 美洲(玛雅)"羽蛇"神
　　为一种特殊的带翼圆盘形象。

大象与民族学家

斯平登和其他人已经提到过的程式化了的蛇形象中颚部的表现手法，都可以证实这一点。不过，在美洲被称为"羽蛇"神的脸确为印度的"帝威之脸"，而美洲程式化的蛇头形象中下颚的缺失，进一步证实了"帝威之脸"的影响。所以这些亚洲写意性创作主题，越过太平洋重现美洲，并被美洲当地的艺术家们组合成别具一格的新图案，对文化传播发生的事实是最强有力的证实。

第五章 文化向美洲的传播时间

　　文化穿过太平洋向美洲的传播，发生在公元后10个世纪左右的时间段内，已是确定无疑的历史事实。不过，时至今日，人们对文化传播发生的确切时间仍存争议。

　　亚洲东南地区尚未出现任何留存至今的石造建筑之前的几百年间，文化已经在源源不断地从印度向这里传播。同样地，在美洲，已有明确的证据表明，在石造建筑出现前的几个世纪，已有古老文化向这里（墨西哥、尼加拉瓜、哥斯达黎加、巴拿马、哥伦比亚、委内瑞拉以及秘鲁）传播。正如在印度支那一样，出现在美洲的两个不同时期的文明——古老文明及后期更发达的文明——明显打着印度的烙印，因为这里发现的早期文明时期的小雕像的缠头，和科潘大象雕像一样，有着独特的印度风格。美洲玛雅石碑的建筑模式及雕刻中的装饰也明显受柬埔寨及印度尼西亚的影响。不过，美国的考古学家们认定洪都拉斯及危地马拉境

大象与民族学家

内的纪念性石碑的修建时间早于这些建筑在亚洲印度支那及爪哇的原型，这给我们确定文化传播发生的具体时间造成了不小的困难。鉴于此，鲍迪奇（Bowditch）把"古帝国"年代确定在公元前94年到公元后340年，并将这一时期进一步划分为三个阶段：公元前94年—公元后104年为"远古时期"（Archaic Period）；公元104年—公元202年为"中古时期"（Middle Period）；最后阶段为"强盛时期"（Great Period）。乔伊斯在《1923年大英博物馆指南》（British Museum Guide，1923）中也采用了这一年代划分标准。不过，莫利最新的调查研究结果将文化向美洲传播发生的时间向后推迟了近300年，因此文化传播开始的时间由公元前94年变成了公元后176年，结束的时间则由公元340年变成公元610年。这一时间的修正对本书讨论的主题至关重要，因为时间的推后至少部分消除了阻碍人们全面认可亚洲文化影响美洲文化的主要障碍。正如我在本书第一章所阐述的那样，如果玛雅石碑的建造年代最终被证明还晚于莫利推算的时间，我认为是意料之中的事。我与法国远东学院的杰出考古学家郭鲁柏先生就玛雅石碑在柬埔寨的原型进行对话时，我们表达的观点是，亚洲文化向美洲传播最有可能发生在公元6到9世纪。不过，我们只好等到有智识的考古学家认识到着手比较美洲与柬埔寨石雕的紧迫性后，才能展开对这一问题的讨论。

学者们认为波利尼西亚直到7世纪才有人居住的没有依据的观点，是阻碍他们对这一关键问题展开认真调查研究的因素之一。之

第五章 文化向美洲的传播时间

所以说该观点没有依据，是因为已有充分的证据表明，早在7世纪前的几百年间，海员们已广泛活跃在大洋洲的纵深处。位于美拉尼西亚的圣克里斯托瓦尔（San Cristoval）[1]文化，绝对属于约公元前2600年的埃及金字塔时期的文化；即使说习俗与信仰一点点从非洲传播到所罗门群岛需要几百年的时间——尽管该文化具有的纯度表明，这一传播不至于经历了这么长的时间——我们仍然确信，传自西方的文化自公元前1000年就开始影响太平洋岛屿文化的发端。对于该问题，我无需在此展开更详细的讨论，已过世的里弗斯博士以"人类在波利尼西亚的居住历史"为题专门撰写过文章，论证波利尼西亚年代学问题，这篇论文将收入他即将出版的《心理学与民族志》（Psychology and Ethnology）论文集。这篇论文列举了充分的证据证明太平洋岛屿在公元前即有人居住而且文化已开始经由此地向美洲传播，立论清晰而且思辨有力，不过，他死后出版的著作《心理学与政治学》（Psychology and Politics）中，已初步表达了他的这一研究成果和主要观点。

重要的一点值得我们记住的是，"B号石碑"在科潘历史相对较晚时期修建。有些考古学家试图通过证明科潘声名远扬的大象雕像的雕刻时间为公元3世纪早期，来更准确地确定科潘石碑的修建年代。不论如何，其实际建造年代应该至少后推300年。

目前并没有确切的证据可以证明美洲文化的形成时间早于公

---

[1] 参考 W. H. R. Rivers, *Psychology and Politics*, p. 129 *et seq*。

大象与民族学家

元前。1902年，墨西哥湾维拉克鲁斯（Vera Cruz）以北100英里的圣安德烈图斯特拉（San Andres de Tuxtla）地区的田地里犁起了一个小物件，由"成色不一的翡翠"（亨利·华盛顿，Henry S. Washington）雕刻制作，莫利博士将这件被称为图斯特拉小雕像的物品的制作年代确定为公元前96年，[1] 这尊小雕像被视为已发现的年代最早的美洲艺术品。

这尊小雕像上刻有许多象形符号，其中背面长排的第四个符号——华盛顿在其考察实记中曾提出（2页），"雕像背面的符号比正面的符号年代要早"——代表程式化的大象形象。

尽管出土的物品中，没有一件的制作日期能被较确定地鉴定为公元前，但在南美洲的许多地方，从墨西哥到中美洲及地峡地区，再到哥伦比亚、委内瑞拉、秘鲁及其他地方，都出现了年代最早可能在公元前200年或者更早的古代文明。[2] 从这些早期文明所在地出土的小雕像文物，尤其从墨西哥（参见斯平登作品，51页）出土的小雕像，上面都有典型印度风格的缠头。泽利娅·纳托尔（Zelia Nuttall）女士在她墨西哥城家中的花园里发现了一些这种小雕像。1921年11月，她向英国皇家人类学研究所讲述了这些发现。谈话中

---

[1] Henry S. Washington, "The Jade of the Tuxtla Statuette, No. 2409, *Proceedings U.S. National Museum*, Vol. 60, Art, 14, 1922.

[2] Herbert J. Spinden, *Ancient Civilisations of Mexico and Central America*, second revised edition, 1922, p. 61; Philip Ainsworth Means, Pre-Columbian Peruvian Chronology and Cultures, *Man*, November 1918, p. 168.

第五章 文化向美洲的传播时间

她告诉我,她曾经将这些制作简单的陶土物品拿给熟悉古代印度风格的学者看,经他们鉴定,物品上雕刻的缠头明显具有印度某些地区特有的特征。她发现的这些物品埋在熔岩层下面,经测定,是大约2000年前喷发的火山形成的。

那些拒绝承认文化穿过太平洋影响美洲的人们反复使用而又流传最广造成最多误解的观点,莫过于没有根据地以为,墨西哥及秘鲁文明进入繁荣期很久以后,才开始有第一批外来者抵达波利尼西亚东部。克拉克·魏思乐[1]及赫德里卡博士(Dr. Hrdlicka)[2]可以说是持这种观点的学者中较近期的两位。已过世的里弗斯博士在驳斥他们的观点[3]时说,"魏思乐博士因为在进行论证时采纳的是完全沿袭前人看法的传统观点,即波利尼西亚较晚才有人居住的观点,因此他的说服力大打折扣。"

90年前,澳大利亚悉尼受人敬仰的教育领域的开拓者约翰·邓莫尔朗(John Dunmore Lang)博士在讨论[4]美洲文明起源的问题时,展现出了敏锐的洞察力与思辨性,他的前辈们和他比起来,无人出其右。他得出的结论是:"墨西哥曾是美洲文明的中心,或者说是起点。文明的溪流从墨西哥源源不断地向南、向北流淌,延续

---

[1] *The American Indian*, New York, 1917.
[2] *Man*, 1917, p. 29.
[3] *Man*, 1919, p. 76。
[4] *View of the Origin and Migrations of the Polynesian Nation; demonstrating their Ancient Discovery and Progressive Settlement of the Continent of America*, by John Dunmore Lang, D. D., Principal of the Australian College, Sydney. London, 1834.

了好几个世纪"（235页）。不过，他以及他之后的许多学者，都将文化的传播混淆为人口的迁移。他宣称（237页），"古代亚洲原始部落（南岛居民）中的一些人足迹遍布浩瀚如烟的太平洋，并最终抵达美洲，成为美洲的早期居民。"虽然他此时已经证明了通过这同一太平洋线路曾经发生了文化的传播，但他因为将文化与种族混为一谈，导致他拒绝承认太平洋北线（通过白令海峡）是大多数美洲早期居民来到美洲的通道。他的另一薄弱环节，便是通过引用《旧约全书》来支持他的观点，这种与现代学术研究精神背道而驰的做法，在他所处的时代倒很常见。尽管有上述两方面的不足，邓莫尔朗却揭示了他的前辈所没能认清的历史真相，他的这一成果在美洲文明起源研究方面具有划时代的意义。他对埃利斯（Ellis）谬论的批评，尤其对埃利斯关于南岛居民的一部分来自美洲大陆的批评，最清楚地反映出他对揭示事实真相具有的重要意义的了解。他给出了两个原因，来论证埃利斯的观点站不住脚："在埃利斯看来，美洲西海岸的居民一直以来都属于热衷海上活动的民族。而我们都知道，他们从来不曾属于这样的民族，而且他们所居国家的情况也不可能使他们如此。"至于说他们曾不时驶入太平洋并在太平洋海域进行探险活动，邓莫尔朗认为是"完全荒谬离谱的猜测"（167页），他的驳斥简单明了而且具有极强的说服力。

现代民族志研究最奇怪的现象之一，便是那些死板地推崇习俗与信仰同时产生这一流行观点的人们，对人类很早便航行到大洋洲这一已知事实的重大意义总是顽固地拒绝承认。任何具有逻辑思

第五章　文化向美洲的传播时间

维与一贯性的人，如果认真研究人类在太平洋从事的航海活动，就不会简单认为新旧世界里相似的习俗与信仰是各自完全独立发展起来的了。了解了这一点，便更可以理解他们为什么会压制人类早期航海活动这些他们不喜欢的证据了。在欧洲人来到大洋洲前的成百上千年里，便有人类开始探寻大洋洲，足迹遍及整个大洋洲海域，有关这一事实的确切证据不胜枚举，所以我不打算在此花费篇章罗列关于这些证据的作品，读者可以在乔治·弗里德里希（Georg Friederici）博士撰写的一部重要的考察纪实[1]（该作品提供了极丰富的参考书目）中，读到他就此话题所做的简明扼要的概括。他说，有许多原因让我们认为，从东南亚出发到大洋洲的航海活动很早就开始了，而且持续了几百年乃至上千年的时间，而文化的传播也随着这一时期的航海活动缓慢渐进地发生着。他还认为，由于波利尼西亚的语言不曾受过梵语的影响，所以在印度文化影响印度尼西亚以前，这种人口从印度尼西亚向太平洋的迁移就已经发生了。不过，纵观人类历史，从某些语言来看，曾经影响它们的语言痕迹在后续的演变过程中会消失，柬埔寨语与印度尼西亚语也不例外，所以我们应该慎重地使用语言学视角来论证该问题。

　　航行到波利尼西亚的古代航海家们发现了这一巨大海域内的几乎每个小岛，而且都有人在几乎每个小岛上定居下来。他们能发现

---

[1] *Malaio-Polynesische Wanderungen*, Vortrag gehalten auf dem XIX Deutschen Geographentage zu Strassburg i. E., 4 Juni, 1914.

这些分布极为分散的岛屿，要么纯属偶然，要么因为有意识的探险活动。从目前了解到的人类定居各太平洋岛屿的情况来看，我们有充分的证据认定，两种因素都起了作用。难道那些已经远航到了复活节岛、夏威夷及新西兰的水手们居然没有再进一步向东航行？对于所有偶然到了波利尼西亚东部众多岛屿中微不足道的复活节岛的船只，难道我们能确定其中就没有几百条船（即便不是几千的话）错过了复活节岛，进一步向东航行然后抵达了美洲西海岸？墨西哥、中美洲及秘鲁这些地方出现的早期文化的性质，其中明显所含的印度文化的元素，以及同样反映出印度尼西亚、柬埔寨及美拉尼西亚文化影响的显著特征，所有这些，都使上述疑问成为不容置疑的事实。

许多民族学家们虽然承认上述事实，但他们发现当时文化传播方式中的许多细节难以解释，因而不情愿接受这些事实蕴含的全部意义，并对一些已为我们充分证明了的许多船只远航的事实未予以足够的重视。譬如，有一条船在海上航行了5个月，船员们靠抓捕海洋动物（如鲨鱼）、饮用天上下的雨水生存下来；还有一条船从图阿姆图群岛（Paumotus）所属的门格里瓦岛（Mangareva）出发，航行了3700海里，抵达所罗门群岛所属马莱塔岛（Malaita）以东的锡卡亚那（Sikayana）环礁。如果这条船不是向西而是向东行驶了相同的距离，那么它便抵达美洲了。我们知道，另外还有条船从加罗林群岛（Carolines）出发，逆风航行了2700公里。对波利尼西亚人来说，在迷失航线的情形下像这样继续行驶1000到2000海

第五章 文化向美洲的传播时间

里并不是什么稀奇的事。读者还可以在弗里德里希的作品找到其他信息及参考文献,不过我列举的例子足以说明,许多类似的远航在几百年的时间里使成百上千只船所载的外来"移民"抵达美洲临太平洋沿海一带,为美洲带去了旧世界文明多姿多彩的成就。

弗里德里希说,那些抵达美洲的波利尼西亚人是为了征服占领美洲而进行的有目的的航海活动,因而他们在远航时总携家带口。而事实上,波利尼西亚人并不喜欢到遥远的海域探险,如果发生了远航的情况,通常是由于意外导致他们的船漂到离出发地很远的海域。船上通常载的都是些渔民、商人或者武士,大多数情况下并没有妻儿跟随。

大概在公元700至1200年之间(有着惊人巧合的是,柬埔寨及美洲文明也在这同一时期进入高度繁荣时期),波利尼西亚人的势力范围达到巅峰,每个波利尼西亚族群都认识一些其他族群,并与他们经常往来,在欧洲人侵入太平洋前,对波利尼西亚人来说,乘着双壳体船在汤加的萨摩亚群岛与斐济之间航行个几天,是件很平常的事。

他们乘坐的船中,有些已经相当大,有时可长达130英尺,可载200甚至300人之多。如果较远的航程,他们食用的东西包括活的家畜、鱼、水果、腌制物等,饮用的水用竹制品盛,鱼则生食,随捕随食。

弗里德里希在他的作品中还追溯了不同种类的船在波利尼西亚的发展历史,并指出(20页),印加帝国的海岸发现的一种门格里瓦岛风格的木筏意义深远,该木筏并排装着双桅杆,并且和图阿姆

115

大象与民族学家

图岛的做法一样，在两桅杆间挂帆。这个挂在两桅杆间的船帆是发现的前哥伦布美洲唯一真正的帆；而双壳体船在哥伦布发现美洲前对美洲西海岸也并不陌生。弗里德里希还进一步引用了证实上述事实的其他记录，以及土著美洲人使用双壳体船的传统和习惯。

弗里德里希列举了美洲与大洋洲之间数量极为可观的民族志方面的相似之处，如他们使用相似的船，表示他们之间曾经交往过的一些传统和习惯，再者，两种重要的可食用植物在新世界和波利尼西亚都叫kumara和ubi等等；再考虑到波利尼西亚人懂得通过大海航行到美洲的方法。他说，综合以上种种，一切对波利尼西亚人曾经乘船到过美洲的怀疑都应该通通消失。

人们拒绝承认科潘石碑所雕、玛雅手抄本所画乃印度大象，唯一的理由，在于他们若承认了事实，美洲文明独立发展学说便失去了整个基石。我并不是说大西洋两岸的民族学家们在故意隐瞒真相，他们不过是无意识地抗拒让人尴尬的事实罢了。他们一旦当作僵硬的教条来信奉美洲文明的独立发展没有任何来自旧世界的帮助甚至灵感激发，便带着半神学的狂热来拥护他们的信仰，若再让他们平心静气对美洲石碑上刻的是印度大象这种可能性加以认真考虑，显然是不可能的。因此，他们不去研究会撼动他们信仰的证据，只是闭上双眼，装作没看到显而易见的事实[1]。

---

[1] 关于学者们忠于教条、忽视证据的各种行为，参见Andrew Dickson White, *A History of the Warfare of Science with Theology*.

第五章 文化向美洲的传播时间

那些民族学家们坚持认为科潘大象实际是乌龟或者金刚鹦鹉，并且嘲笑拒绝在真相面前被蒙蔽眼睛的人，我能找到的与他们及他们的行为最接近的例子，是那些在1615年试图镇压伽利略并迫使他放弃太阳是宇宙中心、地球围绕太阳运行观点的人们。

托泽、斯平登、克拉克·魏思乐及莫利这些民族学家拒绝区分大象与蓝色金刚鹦鹉的不同，他们的托辞堪称中世纪回避科学的现代版本。

但当我们了解了这些民族学家拒绝承认他们看到的是大象的真正原因——即他们深信，在创作这些科潘雕像的时期，新旧世界之间没有往来，著名人类学家霍姆斯（W. H. Holmes）先生在这一问题上的态度只能更让我们费解了，因为他并不为那些妨碍他的同行们承认事实真相的困难所束缚。一方面，从中美洲及东印度群岛在建筑主题和装饰理念上（尤其从雕像的装饰及在建筑中的运用手法来看）所呈现的相同之处来看，他认为前者受惠于后者的影响，但另一方面他却又同意美洲找不到"形象与旧世界完全相同的动物雕像"这种传统观点。1920年的2月，他还在《艺术与考古》（88页）撰文，声称"尽管玛雅遗址中有让人觉得像大象鼻子的长鼻，但在印度雕刻中如此重要的创作对象大象，却没有出现在这些遗址"，无视他之前有关该问题的讨论和观点，也不作任何解释说明。如果我提醒读者，在他表达上述观点的同一页，同时刊出了一系列以典型印度姿势出现而且戴着同样具有典型印度风格缠头的玛雅男性雕像，而且文章作者正在积极就他赞同印度文化向美洲传播的观点进

大象与民族学家

行辩驳——也就是说,他并没有像他的许多同行一样,已经存有无法认可玛雅大象的动机。有关大象话题的争论,很大程度影响着霍姆斯先生正在讨论并试图解决的问题,对此他却只字未提,读者应该会觉得不知所措、无所适从吧。他这么做,既不是因为他不了解关于大象的争论,也不是因为他不熟悉柬埔寨所呈现的证据。1912年,他在讨论[1]新旧世界文化的某些元素具有惊人的相似性时,特别提到了新英格兰和欧洲的石雕艺术。"尤卡坦建筑遗址与位于远东的柬埔寨及爪哇的建筑遗址存在众多、更让人觉得不可思议的相似。美洲大陆临太平洋一侧,也出现了很多相似程度的奇怪巧合,这似乎表示,太平洋并没有完全成为彼岸与此岸的民族之间交往的障碍……从已经获得的考古证据来看,美洲大陆这一'西方世界'并非一直完全将白人、波利尼西亚人甚至黑人拒之门外,而且这种情况极有可能发生。"

在与柬埔寨及爪哇建筑中的装饰作比较时,霍姆斯先生不可能不意识到,摩伽罗、大象及海蛇的程式化表现手法是东南亚雕刻艺术具有的突出特点,而这些动物相同的程式化表现手法几乎同时在中美洲及墨西哥再现;他因而也不可能没意识到,这些以单个形象出现或者多个形象同时出现的亚洲动物的程式化表现手法,为早期美洲雕像带来灵感,还决定了早期美洲雕像艺术最显著的特征。在此,我不得不坦白,我无法理解霍姆斯先生的态度。

---

[1] *American Anthropologist*, XIV, pp.34—36.

第五章　文化向美洲的传播时间

在研究大象这一动物形象的传播机制，以及研究大象的程式化形象传播到不熟悉这种动物的地方时都发生了哪些显著变化时，西欧可以说提供了大量不错的例子。我们先姑且不谈古代苏格兰雕刻中的大象形象，也不提被许多考古学家质疑的早期斯堪的纳维亚装饰艺术及民间故事[1]中的大象形象，光是中世纪寓言故事就提供了充足的确定无疑为大象的动物形象，供我们探讨大象形象在装饰艺术中的演变。值得幸庆的是，有关这一有趣的话题，乔治·德鲁斯（George C. Druce）先生近来在他的考察纪实作品《中世纪的动物寓言故事及其对教堂装饰艺术的影响》（*The Medieval Bestiaries and their Influence on Ecclesiastical Decorative Art*）[2]中已作了探究。寓言故事对大象有全面的描述，配有插图，而且通常以大象和城堡的形式展开。他说，这些大象形象的画无疑源自东方，一旦开始传入欧洲便一发不可收拾，艺术家们争相以大象为题材进行艺术创作。该现象可以解释大象形象在传播过程中为什么迅速失真了。这种失真不仅明显体现在欧洲中世纪的动物故事中，而且也体现在美洲的手抄本中，大象的长鼻、耳朵及长牙失真尤其明显。某些欧洲中世纪雕像中的象鼻、象耳朵及象牙的样子比早几百年出现的美洲手抄本及美洲雕像走样得更离谱。读者可以在普林尼及安布

---

[1] 关于这些证据，读者可以参考我发表在《自然》杂志上的信。*Nature*，1916，February 24，p. 703。

[2] *The Journal of the British Archeological Association*，Vol. XXV，December，1919；特别注意59至64页，以及第VIII，IX，X号插图。

119

罗斯（Pliny and Ambrose）的作品中找到有这些大象形象的大多数欧洲民间故事。不过，其中的有些描述特别有代表性，譬如，"它长长的鼻子可以将食物放入嘴中，就是象鼻，长得像条通体乳白色的蛇。"在印度，表示蛇和大象的梵文为同一个词，而在美洲，尤其在美洲玛雅手抄本中，象头神常常长着蛇身。

大象与龙敌对的古老经典故事别有趣味，因为大象自身也扮演善良的龙，如在东亚和美洲占有重要地位的代表着善的龙——中国的龙与中美洲的象头神为同类。在巴比伦和欧洲的传说中，代替大象的龙却是邪恶的怪兽，龙的故事都与邪恶有关。欧洲中世纪一则有关大象习性的动物寓言故事对这些传说是一个有趣的注解。[1] 故事中说，大象是冷血动物，生长缓慢。等到了交配的年龄，大象们会来到长有曼陀罗（即"智慧之树"）的"天堂"（即"伊甸园"），母象吃了曼陀罗，再把它给公象，母象便立即受孕了。到了生产的时间，他们退避到沼泽地产下幼象，公象守候在母象及幼象身边，以免受到他们的敌人龙的攻击，因为龙一直伺机想消灭幼象。这里的龙即《圣经》故事中的蛇，这个故事与埃及神话故事中哈托尔（Hathor，也即伊西斯，Isis）在沼泽地保护她的孩子不受邪恶的赛特（Set）伤害有几分相似。我在这里提龙与大象之间的对立以及广泛传播的相关故事，是因为它也是早期美洲书吏们最喜爱的主题之一。玛雅手抄本中，大象不仅被描绘成蛇（即印度娜迦蛇），而且

---

[1] 参见Druce, pp. 60 and 62。

还被描绘成蛇（龙）的敌人。印度吠陀经中因陀罗神战胜阻止下雨的蛇的故事，是美洲艺术家们喜爱的一个创作主题，在旧世界，因陀罗的坐骑是大象，不过到了美洲，艺术家们却让雨神长了大象的头（参考第15和16号插图）。

很显然，冯·洪堡在他1813年的著作《科迪勒拉山脉美洲土著人石碑遗址》中搜集呈现的证据并没有使人们对东亚影响了美洲早期文明形成的事实信服。美洲所呈现的与印度文明的相似性，其历法上的符号代表的动物，传说的灾难故事，以及大洪水的故事，凡此种种，都为亚洲与美洲之间曾经交往的事实提供了确凿无疑、无可驳辩的证据。两种文明之间如此众多又不同凡响的巧合，如果仅以偶然来解释，完全不能让人信服。然而，对所有这些惊人的巧合所蕴含的意义，已故布林顿博士却企图回避，他宣称，"中国藏历与美洲原始历法之间根本没有任何相似之处。"在谈到美洲原始历法时，他还进一步宣称，"其并非用于纪年，而更多是为了仪式性和程式性的目的。"而且上面的符号"与星象符号没有任何关系，不像藏历及鞑靼历一样"。[1]布林顿博士的这种说辞不过在回避问题本身。美洲历法的确很独特，也没人假装它采用了与亚洲一样的历法形式，而且也没人宣称阿兹台克人懂得占星术的黄道带知识。问题的关键是，尽管它们各自的历法有相异的地方，但太平洋两岸的人们在历法中却使用了相同的写意性符号，虽然他们并未意识到这

---

[1] "On Various Supposed Relations, etc.," p. 148.

大象与民族学家

些符合在其原创地的含义。不过,我们却因此可以完全排除美洲人创造了该符号体系的可能性,也使得美洲文明独立发展的说法不合时宜。不论大家对美洲人具有历法知识的意义持何种观点,无法否认的事实是玛雅人极为熟悉天文现象。这样的事实也成为波利尼西亚曾经极大影响前哥伦布美洲文明形成的重要证据之一,因为研究星空是这些太平洋的"阿尔戈英雄"们常做的事,也是他们日常生活必不可少又极为重要的组成部分。这些波利尼西亚人通过观测天空所获得的经验性知识,[1] 可以解释玛雅人和阿兹台克人为什么如此精通天文测算,不然,他们是怎么具有如此非凡的天文知识便成谜了。

---

[1] Elsdon Best, *The Astronomical Knowledge of the Maori*, Dominion Museum Monograph, Wellington, New Zealand, 1922.

我在撰写本章时,并不熟悉德鲁斯先生《中世纪传说及艺术中的大象》(*The Elephant in Medieval Legend and Art*, Archeological Journal, 1919)这部重要的专著,不然,我肯定会在本章引用他的这部作品。

第六章 印度支那的重要意义

对美洲玛雅文明所作的比较研究获得的所有证据，都将玛雅文明的主要发祥地确定无疑地指向印度支那。所以，在我看来，针对亚洲东南部地区及马来群岛所作的全面可信的考古报告在迅速相继发布，是多么值得幸庆的事！尤其是来自法国和荷兰的考古调查研究人员的报告。〔譬如，读者可以参考郭鲁柏在法国远东学院资助下出版的研究报告和文献，载于《亚洲艺术》(*Ars Asiatica*)〕。

乔治·格罗斯列（George Groslier）先生关于柬埔寨民族志与考古的专著[1]是其中特别有价值的一部作品，为我们揭示了大量相关事实。格罗斯列认为（362页），柬埔寨高棉人在公元4世纪到8世纪之间已经掌握了高棉建筑艺术的所有要素，这一事实可以又一

---

[1] *Recherches sur les Cambodgiens*，Paris，1921.

次证明美洲石碑出现在更晚的时间。但对研习玛雅文化起源的人来说，尤为重要而有意义的，是了解大象在印度支那人心中的地位。

格罗斯列先生在他的作品中详细解释说，柬埔寨人对大象的热爱和崇拜，不仅仅因为大象这种自然界的动物被王子们作为身份象征在仪式中使用，以及被旅行者们和猎人们当作交通工具使用，还因为因陀罗神的坐骑为大象（即宝象"艾拉瓦塔"，Airavata），也是建筑雕刻中最受欢迎的艺术形象（同上。262页，263页）。与大象有关的符号象征在亚洲东南角随处可见，而且那里对象头神迦尼萨的崇拜比印度南部更为普遍。因此，我们完全有理由相信，从这片土地向外迁移的人们，仍怀有对这样一种让人心驰神往的动物的记忆（参考第46号插图）。

郭鲁柏（来自法国远东学院）在他题为"印度与印度支那艺术"的极有意思的演讲中[1]，颇为有趣地提出了大象艺术形象可能的一种传播方式。他引用公元后初期中国关于柬埔寨的文献时，特别提到了檀香木雕刻的大象。这种海员们可随身携带的大象木雕件可能被科潘的工匠们用作模型，使他们能不可思议地准确再现大象的形象。

直到近年，人们才开始全方位认可印度艺术对印度支那、马来群岛，以及远至中国、日本等地方的影响。

---

[1] *The Indian Magazine*，January，1923.

第六章 印度支那的重要意义

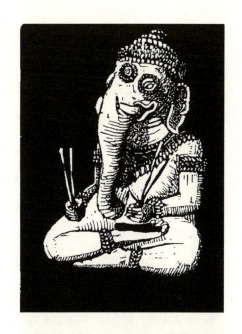

第46号　柬埔寨的"Chao"或迦尼萨

　　一个村子的守护神。（选自德拉普特的作品）。

第47号　柬埔寨巴戎寺（Temple of Baion）第二个画廊浅浮雕的一部分

　　选自德拉普特的作品。

大象与民族学家

沃瑞彻（Voretzsch）[1]在他所撰写的《暹罗的印度艺术》（"Indian Art in Siam"）考察纪实中说，阿育王时期（公元前273年至公元前232年），佛教已经开始影响暹罗，这种影响一直持续到公元后的千年间。其中，较晚一波的影响来自犍陀罗时期（Gandhara），之后便是笈多王朝时期（Gupta，大约公元350年至650年）。公元13世纪，暹罗又受到了通过锡兰传入的印度的巨大影响。这接连四波印度文化的传播，传播路线虽然相同，却对暹罗文化产生了不同的影响，其中笈多时期的艺术对暹罗的影响无疑最持久，其影响在素可泰王国——沙旺卡洛王国时期（Sukothai-Savankolok，公元750到1100年）表现得最突出。对研习美洲玛雅文化的人来说，了解认识这些历史事件，尤其是这些事件发生的年代，意义重大。

暹罗再往东，到柬埔寨，印度文化的巨大影响历历在目，但凡认真了解过该国历史的人，都无法否认。在柬埔寨，高棉建筑的涌现比较突然，这些突然涌现的建筑显示高棉人最初掌握了一定的设计水平与建筑技巧，不过很快，他们的建筑艺术就达到了最高水平。柬埔寨建筑与关于玛雅石碑已知的事实之间有着如此的相似性，借助柬埔寨确定的历史，我们应该能信心十足地解读美洲文化的奥秘。随着外来移民抵达玛雅，他们带来的建筑方面的知识与技巧突然催生了玛雅建筑。不过，柬埔寨与中美洲的案例还远不止它

---

[1] *Rupam*, July, 1920, p. 21.

第六章 印度支那的重要意义

们之间具有某些方面的相似性这么简单。文化传入柬埔寨与传入美洲的方式相同，所带来的影响相似；不仅如此，美洲文化事实上还很大程度地从印度支那文化演变而来，前者与后者的关系，又恰如柬埔寨之于印度。美洲与柬埔寨的文化历程也具有很大的相似性。它们各自都迅速达到了艺术表现的最高水平；两种情况下，最初的文化源泉都很快枯竭，文化随后便开始衰落；二者还都经历了几个世纪的文化渗透之后才取得他们辉煌的建筑成就。在柬埔寨的案例中，经过200年里对建筑艺术养分的汲取后，柬埔寨人建起了伟大的石造建筑，这些建筑主要建在公元6至13世纪之间，不过，人们普遍认为，印度对印度支那习俗与信仰的影响在公元前即已开始。就美洲历史的先后顺序及大概年代而言，我们可以满怀信心地对美洲作上述同柬埔寨一样的声明，这也是对美洲玛雅考古获得的事实能作的唯一让人可信的解读。

马切尔（M. H. Marchal）[1]在他题为《关于吴哥寺的几点一般性观察》（Some General Observations on the Temples of Angkor）的文章中质疑，尽管我们认可印度文化及其许多的装饰主题对高棉艺术的显著影响，但我们是否可以就此认定高棉艺术只沐浴了来自印度的灵感恩泽？最近所作的比较研究表明，高棉艺术中一些树叶及缠绕设计的表现手法，在西方中世纪艺术中也可以找到。另外，长着翅膀的形象，不论表现的是人还是动物，都显示它

---

[1] *Rupam*, October, 1922, p. 120.

第48号　柬埔寨的因陀罗形象

因陀罗坐在长着三个头的宝象"艾拉瓦塔"背上，这一形象与科潘"B号石碑"顶端的雕像有一些相似。（选自德拉普特的作品）。

第49号　来自柬埔寨吴哥通王城（Angkor-Thom）的一个丧葬瓮（局部）

选自德拉普特的作品。

第六章 印度支那的重要意义

们最初来自迦勒底。他说,吴哥寺走廊及门厅的柱顶让他想到了古希腊罗马建筑的多立克柱式,并提出,欧洲及西亚的影响可能远及印度支那地区,这一影响途径叙利亚及波斯抵达印度再传到印度支那。不过,和许许多多民族学家一样,马切尔连文化通过海路传播的可能性都没提到。

马切尔先生的论文中关于文化传播与影响的上述观点,重要性不言而喻。对于早期文明中一些元素在其原创地或邻近的地方已经消失殆尽或发生深刻变化很久,而在其传播所至的遥远的地方却常常得以传承下来的事实,大多数人类学家未能给予其本该有的认可。举例来说,制作木乃伊的习俗在其原创地已经绝迹1200多年了,而在邻近的印度仅留下了点滴的痕迹,但在印度尼西亚及印度支那,人们至今仍遵守这一习俗,不过和原创地相比,木乃伊的制作方法已发生了巨大的变化。在托列斯海峡附近诸岛、美拉尼西亚及波利尼西亚,古代埃及的木乃伊制作方法比这一习俗传播所至的任何中间地带保存更完整。尽管里弗斯博士反复强调以上现象,许多的学者却难以接受他所揭示的历史事实,认为他混淆视听让人困惑。不论这些学者如何看待该历史事实,其所代表的重要意义却再清楚不过。当异文化的种子被种到新的土壤,开始生根发芽,再过很长时间,这粒发芽的种子才会在适应新环境的过程中产生自己独有的特质。毫无疑问,印度早期文化中的大量元素来自巴比伦与埃及,印度渐渐吸收同化了从巴比伦与埃及传来的习俗和信仰,并最终形成了不同于巴比伦与埃及文明的新的文化聚合体,这一新的

大象与民族学家

文化聚合体所具备的独特性使其被赋予了"印度文明"的称谓。不过,在这一"印度文明"独特的文明形态成型前的成百上千年间,印度源源不断地向印度支那传递"西方"知识的火炬,而印度文明在其蓬勃而漫长的发展过程中经历了更为深刻的文化变革,因此,远东文明比印度文明保留了更多埃及与巴比伦文明的印迹。这一原理不仅适用于文化早期的传播,也适用于所有后续的传"波"。不仅如此,该原理还可以用来解释柬埔寨问题,以及印度尼西亚、大洋洲问题,尤其可以用来解释美洲的问题。从原始的美洲文明形态中,我们不仅可以看出来自印度、印度尼西亚、印度支那、美拉尼西亚以及波利尼西亚的影响,还可以看出,不少美洲文明的成分来自无疑更早时期的美索不达米亚、地中海和埃及文明。

当然,美洲玛雅文明中的习俗与信仰所呈现出的最显著的特征,无疑属于印度。

威廉·科恩(William Cohn)博士[1]在讨论印度艺术的话题时抱怨人们过多将注意力集中在激发印度文化的发展、为印度文化提供思想与创作题材的外来影响,对最终成就印度艺术并赋予其独特风格的本土智慧却没有给予多少功劳。我认为,更准确的说法应该是,对于两种因素我们都未给予它们应得的充分认可。尽管这听起来似是而非,却真实地反映了各派观点的现状。西方文明影响印度

---

[1] *Rupam*, July, 1920.

第六章 印度支那的重要意义

之深之广,并未获得应有或广泛的承认。印度艺术创造的灵感不仅来自波斯和希腊,来自其自身的扩张活动,而且在印度更易受外来因素影响的更早时期,美索不达米亚和埃及也为印度艺术创作带来了灵感。在这一过程中,印度对外来文化的刺激具体如何反应,换个比喻来说,印度如何将一股股不同的外来文化之线编织成带印度自身艺术表现力的特有织物,大家仍然有很深的误解。所以,在比其他以往的任何学者更着重强调印度文明受惠于"西方"的程度之大时,我认为我同时赞同科恩表述如下的观点并不自相矛盾,即,"从根本上来说,印度人的本土智慧创造了印度艺术,并引领印度艺术取得了辉煌、伟大的成就,如巴拉特(Bharat)和桑奇、加尔利(Karli)和阿马拉瓦蒂(Amaravati)、爱罗拉(Ellora)和阿兰塔(Aranta)、玛默拉普拉姆(Mâmallapuram)和爪哇,以及柬埔寨和锡兰等地所创造的独特而不朽的艺术作品。"承认异文化为印度文化的源泉,并没有否定印度人的聪明才智。他们懂得欣赏传入本土的异文化的价值,并根据自己的需要进行吸收、变通,所以,真正塑造印度文明特质的是印度人。

我上文已经谈到印度对印度支那及印度尼西亚的影响,不过,中国在唐朝时期(公元602至907年)也曾受到印度的影响。在科恩看来,尽管最早的印度石雕艺术可追溯到大约公元前3世纪中期的阿育王时期,但公元4至9世纪的5个世纪,处于最高水平。这一时期的印度石雕艺术在中国的佛教艺术,乃至奈良时代的日本艺术上都打下了烙印。不过,中国和日本并不代表印度文化影响所及的最远端。本书的主要目的，就是证明同一时期的印度文化的影响远及中美洲和墨西哥，并在新世界发展起来的文明的早期形成阶段发挥了突出作用。不过，这一在新世界发展起来的文明，尽管其大部分的组成要素来自太平洋彼岸的旧世界，但可以说已具有显著的美洲风格了。针对"谁创造了爪哇和印度支那艺术"这个问题，科恩回答说，"乍然呈现在我们面前的一种成型艺术，在它日臻完善的过程中，无疑依赖了印度艺术的贡献，但它同时却拥有许多属于自己的东西。"同样的回答，也适用对中美洲玛雅文明所提的相同提问。

关于高棉建筑的灵感来源（以及高棉建筑形成的时间），乔治·格罗斯列先生在他的专著《柬埔寨研究》（*Recherches sup les Cambodgiens*，1921）中相比我上文引到的作者提供了更多的细节（345页），对神兽摩伽罗在装饰艺术中的形象也有描述。这种东亚摩羯在柬埔寨和爪哇的变种，为美洲建筑中有时被称为象鼻而有时则被称为程式化巨蛇的独特装饰形象提供了原型。

格罗斯列先生在比较（103页）了柬埔寨人如何在艺术中表现大象以及中国人眼中的大象形象后，提醒我们注意其中重要的一点，即对柬埔寨人来说，大象是一种他们非常熟悉并受到他们信奉的动物，而对中国人来说，他们不曾见过大象，并未赋予大象文化上的含义。

从碑铭、雕像及总体建筑装饰可以很清楚地看出，湿婆和他长着象头的儿子迦尼萨是柬埔寨分布最广的婆罗门教神灵，他们的形

第六章 印度支那的重要意义

象及象征他们形象的符号远多于印度神话中的其他神。[1]

上述情形发生的时间为公元3至12世纪，这同一时期，在太平洋的另一侧，兴起了另一文明，而其中象头神也最受欢迎。正和中国人一样，美洲的艺术家们也并不熟悉大象，所以在创作大象的艺术形象时，也和中国人一样，并没有表现出对大象特别的喜爱。

在印度，象头是皇家的标志，还象征各种胜利和成功，而大象艾拉瓦塔既是天帝因陀罗的标志也是他的坐骑。需要特别注意的是，迦尼萨头上的象头也是因陀罗的坐骑大象艾拉瓦塔的头。根据印度神话传说，迦尼萨属于湿婆家族的一员，是湿婆最大的儿子，关于他如何丢掉人头却长出象头的故事，吠陀经《梵天往世书》（*Brahma-Vaivarta Purāna*）中有讲到。[2]

据爱莫尼尔（Aymonier）称，公元3世纪至1108年间柬埔寨碑铭中大多数国王的传统名字都用梵文雕刻，而这一时期之后，梵文书写在这一地区则由本土高棉文取而代之。[3] 在我们思考美洲学者提出的意在反对柬埔寨文化影响了中美洲文化的一些批评意见时，心中有必要记住这一情况。

从公元5世纪开始，直到公元13世纪，起起伏伏的印度文化持续影响着暹罗、柬埔寨、爪哇及亚洲远东地区。在文化传播的过

---

[1] Emil Schmidt, *The World's History*, edited by H. F. Helmolt （English Translation）, 1904, Vol. II, pp. 518 and 519.

[2] Professor Brindavan C. Bhattacharya, *Indian Images* （Part I, Calcutta, 1921, p. 26）.

[3] Emil Schmidt, *op. cit.*, p.518.

133

大象与民族学家

程及从印度学来的习俗与信仰的影响趋于式微方面，缅甸是个最具有指导意义的案例。就缅甸的这一有趣的文化衰落，以及在吸收了印度教和佛教元素而发展起来的密教的影响下，那些促使这一阶段的缅甸文化发生变化的多种因素，查尔斯·杜罗塞尔（Chas. Duroiselle）先生[1]在他的作品中做了非常有启发性的阐述。我最早关注他这本珍贵的考察纪实，是因为书中复制了帕耶东素寺（Paya-Thon-Zu）的壁画。这些画中的某些细节，如男性的着装及服饰、大象及骑象人的形象，尤其是出现在人像头上的蛇首的形象，与美洲玛雅的设计有着如此有趣的相似性，说亚洲文化激发了玛雅艺术的灵感，不过顺理成章的事。不过，比这些壁画呈现的证据更有价值的，是杜罗塞尔先生就文化传播方式及文化的衰落如何改变了传入的艺术、习俗及信仰方面带给我们的深刻启发。

至此，我们已经可以将玛雅艺术灵感的主要发祥地确定为印度支那，而且推定，从印度支那向美洲的文化传播主要发生在公元5至12世纪期间，尚待讨论的问题是这一文化传播的机制。我们在前述章节已谈到，这一期间，波利尼西亚的海上英雄们的航海活动频繁，足迹遍布整个太平洋海域。基于此，我们可以很容易描绘这样的画面：载满柬埔寨人或爪哇人或毗邻的沿海居民或岛民的船只驶离亚洲沿海，随身携带着盛行于他们故乡的护身符，如

---

[1] The Ari of Burma and Tantric Buddhism, *Annual Report for 1915-1916 of the Archeological Survey of India*, p. 79.

第六章　印度支那的重要意义

第46号插图所示柬埔寨迦尼萨像，或如第49号插图所示饰有大象图案的容器，又或者类似于第47号及48号插图的其他大象画或大象模型。

再者，我们研究"西方"文化向亚洲沿海地区的传播时，在亚洲沿海可以发现埃及以眼镜蛇为支座的带翼圆盘的蛛丝马迹，它们以多种样式出现，而且和埃及相比，已经多多少少发生变化了。所以，那些认为埃及常在门楣上使用的一种装饰即为被称为"荣光之脸"，或印度的kurtimukha装饰的观点，似乎有些依据。对这类装饰如何在爪哇与印度支那流存下来，及后续的演变，印度刊物《拉帕姆》[1]作过很有趣的论述。

第42号插图所示的这种装饰是来自爪哇的较晚期的代表作品。作品表现的是没有下颚的怪诞的头，头往两侧伸展成精美的花朵图案，最醒目的部分为一对摩伽罗头取代了埃及设计中眼镜蛇的位置，而上颚则往外延伸，成了象鼻的典型形状。第43号插图显示的则是来自爪哇的另一种设计风格，有两个摩伽罗头，也各有象鼻，头部两侧装饰着螺旋状纹饰。如果我们将这些设计与美洲长着怪诞脸的带翼圆盘（如第40号插图所示）作比较，或将它们与美洲高度程式化的龙首——美洲考古学家们常称它为蛇而实际上明显与印度尼西亚的上唇形状受了大象形象影响的蛇化身的摩伽罗（如第50号插图所示）相同——作比较，我们确信，这些亚洲的写意性手法影

---

[1] *Rupam*, January, 1920, p. 11.

第50号　来自科潘遗址O号祭坛
　　表现的是一种印度尼西亚类的摩伽罗的玛雅形象,其中大象的颌部为高度程式化的表现手法。(选自莫兹利的作品)。

响并决定了代表玛雅艺术突出特点的艺术表现形式。

　　所以说,印度支那不仅是美洲文化遗产的主要发源地,也是美洲文化的计时器。有了这一计时器,我们即使不能据此确定玛雅文化的年代,至少可以衡量、评判持其他观点的学者们提出的美洲年代表是否有价值。只有更准确的了解印度支那历史,并全面认同印度支那文化从印度获得灵感恩泽的事实,才可以使印度支那成为研究印度文化向外的传播过程及带来的影响方面可资借鉴的案例,并将从中揭示的原理适用于中美洲。总而言之,公元4至12世纪期间,对柬埔寨产生了深远影响的"西方"文化的溪流,并未止步于亚洲沿岸,而是继续向前,流向了太平洋及美洲。对这一证据充足的事实,我们满怀信心。

第六章 印度支那的重要意义

第51号 基里瓜遗址D号石碑上东面的设计

第52号 基里瓜B号巨石碑的设计